"十四五"职业教育国家规划教材

中等职业教育市场营销专业系列教材

U0648992

CAIKUAI ZHISHI

财会知识

（第三版）

黄建萍　主　编

别雪梅　胡贝贝　副主编

东北财经大学出版社　大连
Dongbei University of Finance & Economics Press

图书在版编目（CIP）数据

财会知识/黄建萍主编．—3 版．—大连：东北财经大学出版社，2024.12．—（中等职业教育市场营销专业系列教材）—ISBN 978-7-5654-5414-1

Ⅰ．F234.4

中国国家版本馆 CIP 数据核字第 2024Q353Q6 号

东北财经大学出版社出版

（大连市黑石礁尖山街 217 号　邮政编码　116025）

网　址：http://www.dufep.cn

读者信箱：dufep@dufe.edu.cn

大连天骄彩色印刷有限公司印刷　东北财经大学出版社发行

幅面尺寸：185mm×260mm　　　字数：236 千字　　　印张：10.75

2024 年 12 月第 3 版　　　　　　2024 年 12 月第 1 次印刷

责任编辑：周　欢　曲以欢　　　　　　责任校对：刘贤恩

封面设计：原　皓　　　　　　　　　　版式设计：原　皓

定价：34.00 元

教学支持　售后服务　　联系电话：（0411）84710309

版权所有　侵权必究　　举报电话：（0411）84710523

如有印装质量问题，请联系营销部：（0411）84710711

第三版前言

2014年5月，国务院印发了《国务院关于加快发展现代职业教育的决定》（国发〔2014〕19号，以下简称《决定》）。《决定》强调"加快发展现代职业教育，是党中央、国务院作出的重大战略部署"，而中等职业教育是现代职业教育体系的重要基础。党的二十大报告深刻地阐明了未来一个时期内党和国家事业发展的大政方针和行动纲领。在上述良好发展前景的激励下，为适应中等职业学校教育教学方式、方法的改革，打破传统的教学模式，更好地开展中等职业学校市场营销专业"财会知识"课程的教学，积极加快推进党的二十大精神进教材、进课堂、进头脑，作者依据教育部《中等职业学校专业教学标准（试行）财经商贸类（第一辑）》中的"市场营销专业教学标准"，编写并修订了本教材；本教材第一版由全国职业教育教材审定委员会审定通过，被评为"十二五"职业教育国家规划教材。为了适应时代的发展变化、体现教学改革的最新成果，我们对第一版教材进行了修订。本书第二版出版后，由教育部审定通过，又被评为"十三五"职业教育国家规划教材。之后，在第二版重印期间，做了有效、及时、实用的修改，在每个项目之前和项目评价中融入了"素养目标"和"素养部分"的提示。2023年，第二版教材经过复核，被评为"十四五"职业教育国家规划教材。

本次第三版教材体现了如下特点：

1.教材的编写除了依据中等职业教育"市场营销专业教学标准"之外，在会计专业知识内容上严格遵循国家现行最新的财经法律法规制度、"2024年度全国会计专业技术资格考试大纲"和"2024年湖北省普通高等学校招收中等职业学校毕业生技能高考——财经类技能考试大纲"，同时综合考虑企业模拟经营沙盘大赛的规则，立足于市场营销专业学生的实际学习需求。

2.在教材结构上按照岗位需求、课程目标选择教学内容，体现必需和够用，推进课程内容与职业标准对接。以就业为导向，以学生为主体，着眼于学生的职业生涯发展，注重职业素质的培养。与时俱进地安排实训与案例教学，培养学生的岗位实务操作能力，并注重与相关课程的衔接。

3.本教材内容通俗易懂，力求从实际出发，繁简得当，文字简洁明了，具有较强的实用性和应用性。

4.本教材在各项目之前均以"情境导入"引出本项目内容，在编排上注重图文并茂，适当穿插必要的图表。在每个任务中，设置"任务描述""任务分析""知识准备""任务实施"等模块，同时根据内容需要设计"小知识""小提示""想一想""做一做"等栏目，对相关知识点、背景和情境加以介绍，或是开阔学生的视野，培养学生的思考能力，或是用以检验学生的学习效果，增强其学习兴趣。每一个项目之后还有"项目小结""项目训练""项目评价"，以提高学生整体学习和认知能力。

本教材建议的教学学时为60课时，实际教学时可视教学时间和教学对象进行调整，课时分配见下表：

课时分配建议表

教学内容		讲授（课时）	实践（课时）	合计（课时）
项目一	揭开财会的面纱	5	1	6
项目二	走进财会	10	2	12
项目三	制作会计凭证	4	6	10
项目四	填制会计账簿	6	6	12
项目五	编制财务报表	6	6	12
项目六	解决会计常见问题	6	2	8
合 计		37	23	60

本教材由武汉市第一商业学校黄建萍担任主编，并由其负责拟定编写大纲；武汉市第一商业学校别雪梅、胡贝贝担任副主编。具体编写分工如下：胡贝贝负责编写项目一，王辉、吴鸣负责编写项目二，黄建萍负责编写项目三，胡盼、蔡萍负责编写项目四，李皓负责编写项目五，别雪梅、毛海立负责编写项目六，宋杰负责制作全书的数字资源。在编写过程中，得到了全国财政职业教育教学指导委员会专家、武汉市第一商业学校徐俊副校长的悉心指导，以及河北银行学校梁瑾、河北邯郸市第一财经学校刘万军、江苏省南京工程高等职业学校黄震等老师、厦门网中网软件有限公司杨凤坤（审读全书单据、单证的适用性和实用性，保证票据、单证的准确性）和武汉浙科友通软件有限公司刘善国（提供模拟企业真实的工作、实训场景的教材、教学设计建议）等学校和企业专家的大力支持和热情帮助，在此一并表示感谢！

本教材可作为市场营销专业学生的教材，亦可用于湖北省普通高等学校招收中等职业学校毕业生技能高考——财经类技能考试（市场营销专业、电子商务专业）的指导用书。本教材在编写过程中，还征求了各方企业专家的意见，参考了有关法规制度、有关教材和著作的相关内容，在此谨向这些专家和作者表示诚挚的谢意！

由于时间仓促，加上我们的经验和水平有限，书中难免有不足之处，敬请读者批评指正！

编　者

2024年11月

目　录

项目一　揭开财会的面纱

学习目标

知识目标：

1. 掌握财会的基本概念和基本特征。

2. 了解财会的职能。

3. 了解财会的职业发展及热门证书。

能力目标：

1. 掌握财会核算的对象。

2. 结合经营过程明确财会岗位的工作内容及职责。

3. 掌握财会人员的法律责任。

素养目标：

1. 诚实守信是中华民族的优良传统和美德，也是财会人员的基本素养，财会工作要求准确、及时、守信。

2. 明确所有经济活动都需要严格遵守《中华人民共和国会计法》和各类法律法规，不能跨越法律红线。

情境导入

在第二学年的开学班会上，班主任说："祝贺大家都顺顺利利地升入二年级！去年的班费由我一人保管，为了体现专业的特长，我建议我们运用一些财会知识来共同管理我们的班费收支。"大家都很疑惑：财会知识？怎么用呢？怎么管理班费呢？

为了便于理解，班主任给出了以下几项内容，请大家一起帮着理理吧！

1. 新学期全班共45人，每人交班费10元；

2. 卖废纸箱、饮料瓶收入20元；

3. 班里的灯坏了，付维修费 10 元；

4. 运动会团体总分第五名，获得学校奖金 50 元；

5. 购买班级文体用品支出 80 元。

财会的基本概念

有人说财会是一门"技术"，又有人说财会是一门"艺术"，甚至还有人钻空子，让财会在他们手中成了"数字"游戏，成了掩盖真实经济交易和事项的"魔术"。财会到底是什么？是技术，是艺术，还是魔术？

财会是一门技术，也是一门艺术，是一种通用的商业语言，是支持决策的经济信息系统。

任务描述

财会是一门规则明确、逻辑严密的学科，它有专用的术语、特定的程序和处理经济事项的特别方法。社会经济越发达，越离不开财会。那么，为什么财会如此重要？财会提供的信息又对哪些人有用？下面我们就要通过学习财会的基本概念，来揭开这些谜团。

任务分析

对一个财会人员来说，时刻都要牢记自己在做什么，该做什么，做了有什么意义。

知识准备

只要有人类活动的地方，人们就会关心自己的劳动成果，就会考虑如何以最小的投入去换取最大的回报。基于此，就产生了和这个要求相关的数据计算工作——财会。

作为现代的财务人员，财会的内涵已经随着时代变迁有所扩大和引申。财会的最高境界在于扎根于专业技术，升华于统筹艺术。

任务实施

一、财会概述

1. 财会的产生

财会是人类社会发展到一定历史阶段的产物，是随着社会生产和经济管理的要求而产生、发展并不断完善起来的。

财会的产生

在社会生产活动中，为了获得一定的劳动成果，必然要耗费一定的人力、物力和财力。人们一方面关心自己的劳动成果是多少，另一方面也要注重劳动耗费的高低。

为此，就需要掌握生产活动的数据信息，即对生产过程中的劳动耗费和劳动成果进行记录、计算，在此基础上再进行分析、控制和审核，使人们不断节约劳动耗费，提高经济效益。

财会就是这样产生于人们对经济活动进行管理的客观需要中，并随着加强经济管理、提高经济效益的要求而不断发展。

在原始社会产生了"刻木记事""结绳记事"，这是最早的经济计算和记录活动。在3 000多年以前的西周时期，出现了"司会"一词，《周礼》中载司会"以参互考日成，以月要考月成，以岁会考岁成"。由于当时生产比较简单，财会也较简单，只是对财产、物资的收支活动进行实物数量的记录和计算。

"财会"的起源和释义

"财会"一词起源于西周，《孟子正义》一书中的解释为"零星算之为计，总和算之为会"。

到了封建社会，由于生产过程的日趋复杂和商品经济的发展，财会的社会地位有了很大提高，方法技术也有了很大发展。秦汉时期出现的"簿书"、南北朝时期出现的"账簿"、唐宋两代出现的"流水账"和"誊清账"等财会账册，都是现代财会账簿的雏形。特别是宋代，更是出现了"四柱清册"结算法。到了明末清初，随着手工业、商业的进一步发展和资本主义经济萌芽的出现，我国商人设计出了"龙门账"。到清末，随着资本主义经济逐步发展，又出现了"天地合账"。"四柱清册""龙门账""天地合账"反映了我国历史上传统簿记的特色。

与此同时，财会在国外也在发展和改进着。20世纪初，借贷记账法传入我国，随后英美的财会制度也被引进，这对改革中式财会、推行现代财会、促进我国财会改革与发展、向国际惯例靠拢起到了重要作用。目前，中国的CPA（注册会计师）已经被世界所认可。

2.财会的基本概念

财会就是以货币为主要计量单位，以提高经济效益为主要目标，运用专门方法对企业、机关、事业单位和其他组织的经济活动进行全面、综合、连续、系统的核算和监督，提供财会信息，并随着社会经济的日益发展，逐步开展预测、决策、控制和分析的一种经济管理活动。

通俗地说，财会工作就是核算和监督经济活动中的资金运动，为单位、领导提供财务状况、经营成果及现金流量情况，把有用的财务信息处理好，让管理者、经营者掌握以前的业绩，查找现在的问题，预测未来发展方向的一个信息系统。

想一想1-1

有人说，财会就是记一下账、算一下账、报一下账。这个说法全面吗？

3.财会的基本特征

从财会的概念可以看出，财会的基本特征是：

（1）以货币为主要计量单位。

财会是以货币为主要计量单位，进行系统的记录、计算、分析和考核，以达到加强经济管理的目的。对经济活动过程中使用的财产物资、发生的劳动耗费以及劳动成果等经济活动的数量方面可以用实物、货币和劳动三种计量尺度来度量（如图1-1所示），但是各种不同的衡量尺度无法相加汇总。而充当一般等价物的货币，其综合性和可比性比实物和劳动都要强，可以将千差万别的财产物资和劳动消耗统一折算成货币表示，形成统一尺度对经济活动进行综合折算和监督。

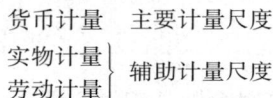

货币计量　主要计量尺度
实物计量 ⎫
劳动计量 ⎬ 辅助计量尺度

图1-1　三种计量尺度

比如，单位买了一辆小汽车，花了250 000元。其中，"一辆"是数量计量，"250 000元"是货币计量。又如买了300千克的材料，共花了30 000元，其中，"300千克"是数量计量，"30 000元"是货币计量。

做一做1-1

请将你今天的耗费分别用数量计量和货币计量表示，并想一想，数量计量和货币计量，哪个更直接形象？

（2）采用一系列专门的方法。

在长期的财会实践中，为适应生产的发展和经济管理的需要，财会形成了一套系统、科学的专门方法，包括财会核算、财会分析、财会考核、财会预测、财会决策和财会控制等。

小知识1-3

财会的核算方法

设置账户、复式记账、填制和审核凭证、登记账簿、成本计算、财产清查和编制财务报告等是财会最基本的核算方法。财会最基础的工作就是运用这些方法，并结合其他技术和方法的运用以实现财会工作的目的。

（3）财会具有核算和监督的基本职能。

一方面，财会要运用财会核算方法，以货币为主要计量单位，对已发生或完成的经济活动进行确认、计量和报告，即进行财会核算。

另一方面，要在核算过程中，对经济活动的合法性、合理性进行审核，即实施财会监督。

核算和监督贯穿于财会工作的全过程，是财会的基本职能。

（4）财会管理是连续性、系统性、全面性和综合性的活动，财会的本质就是管理活动。

财会的连续性表现在对各项经济活动按其发生的时间顺序不间断地进行核算和监督；系统性表现在对各项经济活动既要相互联系地核算和监督，又要采用科学的方法进行分类，以便对比；全面性表现在对发生的所有经济活动——进行反映和监督，使管理资料建立在完整客观的基础之上；综合性则是表现在用货币计量整体反映各项经济活动，提供各项经济活动的指标。

从本质属性来看，财会的本质就是一种管理活动。

小知识1-4

中国古代记账法

中国宋代建立和运用了"四柱清册"，所谓四柱是指："旧管"（期初结存）、"新收"（本期收入）、"开除"（本期支出）、"实在"（期末结存）。这四者的关系：

旧管 ＋ 新收 ＝ 开除 ＋ 实在

（期初结存＋本期收入＝本期支出＋期末结存）

到明末清初，出现了"龙门账"。所谓"龙门账"就是把全部账目分为："进"（各项收入）、"缴"（各项支出）、"存"（各项资产）、"该"（各项负债和资本）四大类，运用"进–缴=存–该"公式，计算盈亏数额，并分别编制"进缴表"（相当于现在的利润表）和"存该表"（相当于现在的资产负债表）。两表计算结果如果完全吻合，称之为"合龙门"。

进 － 缴 ＝ 存 － 该

（各项收入－各项支出＝各项资产－各项负债和资本）

二、财会的职能

财会的职能是指财会在经济管理中所具有的功能。

财会的职能有多种，并随着经济的发展及财会内容的不断扩大而发展变化着。但是从财会的本质来讲，财会最基本的职能是核算和监督。财会的职能如图1－2所示。

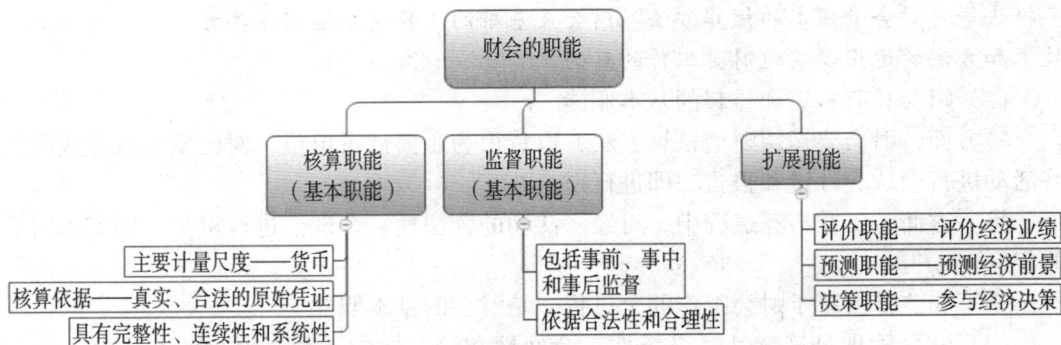

图1-2　财会的职能

（1）核算职能。

财会的核算职能也称反映职能，是指以货币为主要计量单位，通过确认、计量、记录和报告这四个环节，对特定主体的经济活动进行记账、算账和报账等，从而提供信息的职能。财会的核算职能是财会最基本的职能。

小知识1-5

核算职能的特点

财会核算主要是利用货币计量完成的，综合反映各单位的经济活动情况，为经济管理提供可靠的信息。

核算时，不仅记录已发生的业务，还面向未来，为各单位的经济决策和管理提供依据。

核算具有完整性、连续性和系统性。

（2）监督职能。

监督职能是通过预测、决策、控制、分析、考评等具体方法，促使经济活动按照规定的要求运行，以保证财会目标顺利实现的职能。

小知识1-6

监督职能的特点

财会的监督主要利用价值指标来进行。

财会的监督贯穿于经济活动的全过程，包括事前监督、事中监督和事后监督。

（3）两者间的联系。

财会的两大基本职能是相辅相成、密切联系的。核算是监督的前提，没有核算提供的财会信息，就不可能进行财会监督；财会核算必须以财会监督为保证，才能为经济管理提供真实可靠的财会信息，否则，财会信息不真实，就不能发挥其应有的作用。因此，可以说财会监督是财会核算的继续和发展。

想一想1-2

什么是经济活动？买材料是吗？卖产品是吗？企业付水电费是吗？发工资是吗？

小知识1-7

财会的目标

财会从一产生起就是为了满足人们了解信息的需要，因此，财会的目标就是及时准确地提供经济信息，满足有关方面了解财务状况和经营成果的需要，满足经营管理、提高经济效益的需要。

财会信息的需求者很多，主要有：投资者、债权人、政府管理部门、企业管理部门、企业员工等。

三、财会的对象

财会的对象是社会再生产过程中能以货币表现的资金及资金运动。

凡是特定主体能够以货币表现的经济活动，都是财会核算和财会监督的内容，也就是财会的对象。以货币表现的经济活动通常又称为价值运动或资金运动。

以工业企业为例，财会的对象就是工业企业的资金运动。它包括资金进入企业，资金在企业内部循环周转，资金退出企业三大阶段，如图1-3所示。

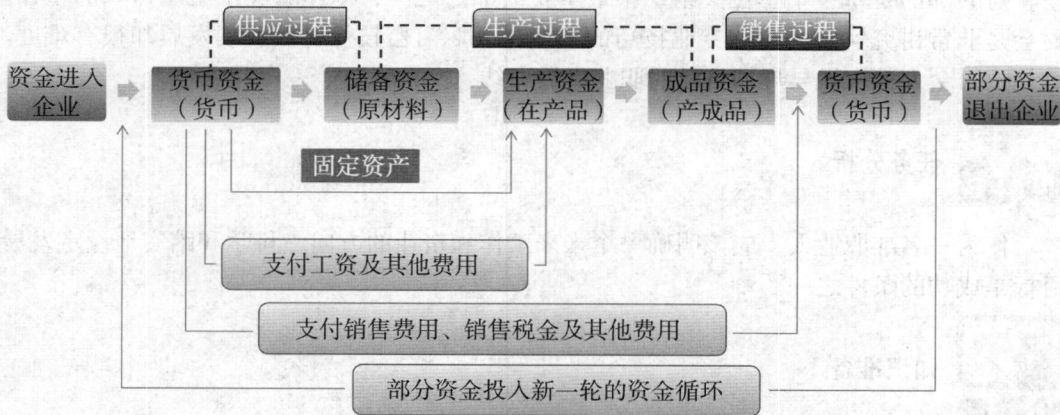

图1-3 工业企业资金循环运动图

资金进入企业是为了盈利，赚取利润是企业的主要目的，资金通过投资入股、借款等行为进入企业内部周转，经过买卖等行为，最终赚取利润，以钱赚钱，周而复始，这就是以货币表现的经济运动，也称为价值运动。

在企业资金投入、资金循环与周转、资金退出活动中，由于资金的取得、运用和退出等经济活动引起的各项财产物资增减变动、各项生产费用的支出和产品成本的形成情况以及销售收入的取得与利润的实现和分配情况，构成了工业企业财会核算的具体对象。

知识拓展

会计的发展

会计的发展经历了三个阶段：古代会计、近代会计和现代会计。

古代会计主要表现为官厅会计，从业人员多为各级官厅、衙门服务。

近代会计又称企业会计，其标志是14、15世纪复式记账体系的形成。

现代会计又称预测、决策会计，其标志是20世纪20年代以来在成本会计基础上形成的管理会计的内容和体系。

任务二　　　　财会职业发展

有人说：会计与中医、律师一样，属于越老越吃香的职业。是不是只要你从事财会工作，就不用像其他职业那样频繁地进修而慢慢熬到年老就自然"吃香"了呢？错！因为会计的"越老越吃香"是经验多、资历深，并不是年龄"老"，所以选择当会计就注定要早做职业规划，不停"充电"。

 任务描述

财会部门是每一个单位、组织中最重要的部门之一，承担着关乎组织命脉的重任。财会是非常讲究实际经验和专业技巧的职业，入职门槛较低，但后续发展却很有难度。每一位财会人都应提早规划自己的职业发展路线。

 任务分析

作为一名准职业人，应该明确一个未来工作和奋斗的方向。科学和踏实地设定发展目标是成功的条件之一。

 知识准备

科学设定奋斗目标和发展方向首先需要了解自己未来可以走的发展方向，要时刻加强自身执业能力的提高，只有真正地活到老学到老才能"越老越吃香"！

 **任务实施**

一、财会职业发展方向

财会的发展是以实战经验为主，在财会岗位上，要想有好的发展，就需要不断提高专业素质和技巧，并不断拓宽自己的知识面。

随着社会经济的高速发展，财会行业已经开始和其他的专业慢慢融合从而产生了很多新职位，也为以后财会人员的发展提供了更多的选择和机会。

财会职业发展方向主要有四个，分别是：做财会的、查财会的、管财会的和研究财会的，如图1-4所示。

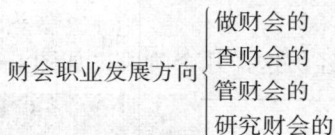

$$财会职业发展方向 \begin{cases} 做财会的 \\ 查财会的 \\ 管财会的 \\ 研究财会的 \end{cases}$$

图1-4　财会职业发展方向

（1）"做财会的"：主要指狭义上的从事财会核算、财会信息披露的财会人员。目前全国大约有4 000万人在"做财会"，截至2023年年底，全国约有24万人具有高级会计师资格。

（2）"查财会的"：主要指注册会计师、政府和企事业单位审计部门的审计人员、资产清算评估人员等。目前全国有不少于25万名注册会计师以及30万名单位内部审计人员。

（3）"管财会的"：主要指与财会管理有关的政府部门管理人员和其他政府部门及其他非营利组织的财会业务人员。如国家审计部门、国家财政部门、国家税务部门、国家监察和管理部门及其他国家机构中的相关工作人员。全国估计不少于20万人。

（4）"研究财会的"：主要指从事财会理论和实务研究与财会教学工作的人员以及从事财会理论研究的专职研究人员。一般指在高等院校财会专业的教授和财会专家与各类研究部门的专职研究人员。如财政部财经研究所、著名财经类大学的财会研究中心的研究人员等，其需要很高的专业研究能力；大学财会专业教师、高职高专和中等专业学校财会专业教师等岗位。人数很少，全国估计不超过3万人。

小提示 1-2

实际上财会工作范围非常广泛，就从业的领域来讲：

一部分是在企业和事业单位的财会部门里，从事基础性的具体的工作。在企事业单位工作的财会人员，经过几年的努力，可能会走上领导岗位，甚至走上非常高的管理者岗位。在跨国公司里，有相当多的管理人员拥有非常强的财会背景。也有一些在金融机构或保险机构工作。

另一部分是在财会公司里，其从事的工作是社会中介服务，主要提供的是审计或者咨询服务。这一部分人员经过几年的成长，可能会成为经理，甚至成为会计师事务所的合伙人。

二、财会职业发展规划

职业发展规划是一个人对其一生中所承担职务相继历程的预期和计划，包括一个人的学习、对一项职业或组织的生产性贡献和最终退休。

财会，是一个较为特殊的行业，也是每一个组织中最重要的岗位之一。每一位财会人都应提早规划自己的职业发展路线。财会领域为从业者提供了不断变化并富有挑战性的工作。

很多商界成功人士最早都是从事财会工作的，同时很多大企业的财务总监必须具有财会背景。

财会人的职业发展大概会经历这样几个阶段，如图1-5所示。

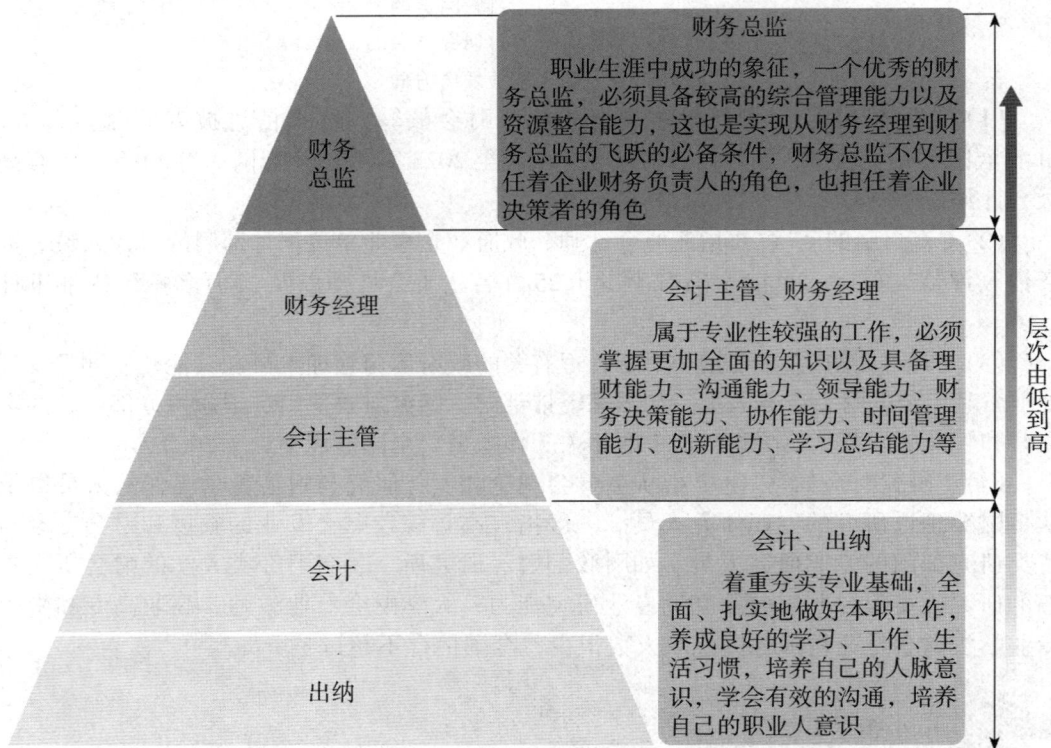

财务总监
职业生涯中成功的象征，一个优秀的财务总监，必须具备较高的综合管理能力以及资源整合能力，这也是实现从财务经理到财务总监的飞跃的必备条件，财务总监不仅担任着企业财务负责人的角色，也担任着企业决策者的角色

会计主管、财务经理
属于专业性较强的工作，必须掌握更加全面的知识以及具备理财能力、沟通能力、领导能力、财务决策能力、协作能力、时间管理能力、创新能力、学习总结能力等

会计、出纳
着重夯实专业基础，全面、扎实地做好本职工作，养成良好的学习、工作、生活习惯，培养自己的人脉意识，学会有效的沟通，培养自己的职业人意识

财务总监 / 财务经理 / 会计主管 / 会计 / 出纳

层次由低到高

图1-5　财会人的职业发展阶段

📢 小提示1-3

身处不同发展阶段，所需要完成的工作不尽相同，级别层次越高，工作的范围越广，从出纳开始的事无巨细，到财务总监的管理决策，对于财会从业工作者来说，每一次的升级都是一次飞跃，不仅是知识、技能上的飞跃，也是能力、大局观上的飞跃。

（1）出纳岗位描述（见表1-1）。

表1-1	出纳岗位描述
工作概述	做好货币资金、应收/应付票据、税款的收付及记账、结账工作
岗位职责	1.负责现金支票的收入保管、签发工作 2.严格按照公司的财务制度报销结算公司各项费用并编制相关凭证 3.及时准确编制记账凭证并逐笔登记总账及明细账，定期上缴各种完整的原始凭证 4.及时与银行定期对账等
任职条件	1.具备出纳必要的专业知识和专业技能。熟悉财会基本知识，掌握快速、准确地清点钞票以及准确使用票据的技能 2.应当具备从事会计工作所需要的专业能力

（2）会计岗位描述（见表1-2）。

表1-2	会计岗位描述
工作概述	负责财会核算，并协助财会主管完成公司的财会及税务核算工作
岗位职责	1.协助财会主管完成本公司的财务工作 2.负责财务核算、审核、监督工作，按照公司及政府有关部门的要求及时编制各种财务报表并报送相关部门 3.负责各种财务资料和档案的归集、保管和保密工作等
任职条件	1.一般需要具备财会、财务及经济管理类相关专业大专以上学历 2.掌握财务财会知识和技能、熟悉并能认真执行有关财会法规和财会制度 3.能胜任一个单位的财务财会工作

（3）会计主管岗位描述（见表1-3）。

表1-3	会计主管岗位描述
工作概述	分析、研究财会数据，准备财务报告，向管理层提供财务信息
岗位职责	1.协助财务经理制订业务计划、财务预算、监督计划 2.核签、编制财会凭证，整理保管财务财会档案 3.登记保管各种明细账、总分类账 4.定期对账，设计、修订本单位财会制度等
任职条件	1.一般需要具备财会、财务、审计或相关专业本科以上学历 2.接受过管理学、经济法、产品知识等方面的培训 3.有丰富的财会工作经验

（4）财务经理岗位描述（见表1-4）。

表1-4	财务经理岗位描述
工作概述	1.主持公司财务预决算、财务核算、财会监督和财务管理工作 2.组织协调、指导监督财务部日常管理工作，监督执行财务计划，完成公司财务目标
岗位职责	1.根据集团公司中、长期经营计划，组织编制集团年度综合财务计划和控制标准 2.建立、健全财务管理体系，对财务部门的日常管理、年度预算、资金运作等进行总体控制等
任职条件	1.一般需要具备财会、财务或相关专业本科以上学历 2.有跨国企业或大型企业集团财务管理工作经验，有跨行业财务工作经历，谙熟国际和国内财会准则以及相关的财务、税务、审计法规和政策 3.具有全面的财务专业知识、账务处理及财务管理经验，擅长资本运作

（5）财务总监岗位描述（见表1-5）。

表1-5　　　　　　　　　　　　　　　　**财务总监岗位描述**

工作概述	主持公司财务战略的制定、财务管理及内部控制工作，筹集公司运营所需资金，完成企业财务计划
岗位职责	利用财务核算与财会管理原理为公司经营决策提供依据，协助总经理制定公司战略，并主持公司财务战略规划的制定等
任职条件	1.一般需要具备财会、财务或相关专业本科以上学历 2.具有跨国企业或大型企业集团财务管理工作经验 3.具有全面的财会专业知识、现代企业管理知识，熟悉财经法规和制度；参加过较大投资项目的分析、论证和决策；具有丰富的财务管理、资金筹划、融资及资本运作经验

@ 小知识1-8

财会出身的商界名人

学财会并不一定要做财会，但是具备财会知识，却是进入商界的重要条件之一，比如霍震寰（霍英东集团总经理、中国香港中华总商会会长）。霍震寰虽然是中国香港中华总商会（以下简称中总）历史上最年轻的会长，但他在中总效力的时间一点也不短。

1982年，硕士毕业不久，他就加入了中总。媒体评价他："为人朴实，忠厚，机敏而富于事业心，深为乃父所信任。"他是霍英东次子。中学毕业后，在国外求学，从本科一直念到工商管理硕士，当时其父亲还反对，认为没有必要学，赚钱并不一定从书本上学，跟他学就可以了。后来看其主修财会，其父亲觉得在公司里大有用处就同意了。后来，霍震寰进入霍英东集团工作，协助其父亲主理海内外经营业务。到公司之后，他很快就在财务方面建立了整套完善的制度，显现出在公司管理方面的才华，其父亲对他颇为欣赏。从此，他就协助其父亲打理家族生意，包括房地产、建筑、船务运输和酒店等多个领域。他精明干练，被誉为得力的"家族财政部长"。

三、财会职业热门证书

从事财会工作，根据工作层次的不同，需要具备不同的资格证书才能从事相关工作。

从证书性质来分，可以分为职称系列、执业资格系列和专业资格系列三大类，如图1-6所示。

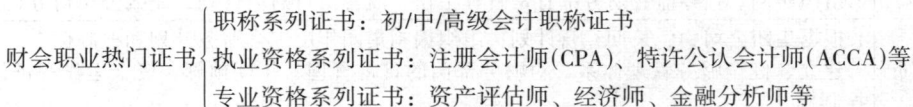

```
            ┌ 职称系列证书：初/中/高级会计职称证书
财会职业热门证书 ┤ 执业资格系列证书：注册会计师(CPA)、特许公认会计师(ACCA)等
            └ 专业资格系列证书：资产评估师、经济师、金融分析师等
```

图1-6　财会职业热门证书

（1）职称系列证书：这个系列的证书是不断提高的。根据《中华人民共和国会计法》规定：会计人员应当具备从事会计工作所需要的专业能力。担任单位会计机构负责人（会计主管人员）的，应当具备会计师以上专业技术职务资格或者从事会计工作三年以上经历。

全国会计专业技术资格考试分为初、中、高三级，参考人员必须满足一定条件方可报名。对已取得中级职称的财会人员，采用考试和评定相结合的方式来认证其高级会计师职称。

会计各级职称一般在单位评薪评级时使用。政府部门、事业单位和国有企业比较重视这一块，现在有些上市公司和大型民营企业招聘经理级别的职位也要求中级或者高级职称。

（2）执业资格系列证书：这个系列的证书是并行的，包括注册会计师（CPA）、特许公认会计师（ACCA）等。

执业资格证书代表你在这个专业领域里面具备一定的资格，可以从事该专业较高级别的工作，其证书的含金量也最高，很多企业在招聘中高级财会人员时，明确要求具备此类证书，就业前景非常好。

（3）专业资格系列证书：这个系列里面的证书也是并行的，包括资产评估师、经济师、审计师、统计师、金融分析师等。

专业资格证书代表你具备从事这个专业工作的基础知识，可以从事该专业的工作，其证书的含金量很高，随着中国经济的不断发展，发展前景将越来越好。

小知识 1-9

注册会计师的主要工作

注册会计师主要承接的工作有：审查企业的财务报表，出具审计报告；验证企业资本，出具验资报告；办理企业合并、分立、清算事宜中的审计业务，出具有关的报告；法律、行政法规规定的其他审计业务等。尤其是在执行上市公司审计时，注册会计师不仅要鉴证一个公司是否遵循了法律、法规和制度，而且还要判定其财务报表是否遵循了真实性、公允性和一贯性原则。由注册会计师依法执行审计业务出具的报告，具有证明效力。

会计热门证书考试规定（见表1-6）。

表1-6   会计热门证书考试规定

项目 \\ 种类	级别	考试时间	考试科目	考试时长	通过形式
初级会计证	初级职称	1年1次	初级会计实务 经济法基础	180分钟	1个考试年度
中级会计证	中级职称	1年1次	中级会计实务 财务管理 经济法	165分钟 135分钟 120分钟	2个考试年度

种类\项目	级别	考试时间	考试科目	考试时长	通过形式
高级会计证	高级职称	1年1次	高级会计实务	3.5个小时	1个考试年度
注册会计师	注册会计师执业资格	1年1次	专业阶段：会计 审计 税法 经济法 公司战略与风险管理 财务成本管理	3个小时 2.5个小时 2个小时 2个小时 2个小时 2.5个小时	1.考试成绩5年内有效 2.全部合格发放考试合格证书
			综合阶段：职业能力综合测试（一） 职业能力综合测试（二）	3.5个小时 3.5个小时	

想一想1-3

你想做到财务人员的哪个层次呢？你愿意为了你的目标而努力吗？

知识拓展

常见的国际会计证书

目前，可在国内参加考试、国外认证的会计师资格证书主要有5种：ACCA（特许公认会计师）、AIA（国际会计师专业资格证书）、CGA（加拿大注册会计师）、CMA（美国注册管理会计师）、ASCPA（澳大利亚注册会计师）。

每张证书适用的国家和教学、考试内容都有一定区别，用来适应不同国家的会计制度。

任务三　财会职责权限与法律责任

财会工作充满着数据，是用数据、事实来说话的。因此，财会资料的真实性、合法性至关重要。保证资料的真实性和合法性是我们每个财会从业人员都需要履行的职责。

任务描述

会计人员从事会计核算和财务管理，提供的经济信息涉及面广，影响深远，因而从事会计工作人员的职业道德优劣，势必直接影响会计职能的发挥，影响信息使用者的决策，从而影响整个社会的经济、政治和道德。

 **任务分析**

会计工作的重要性不言而喻，每一个从事财会工作的人员都必须了解财会职责权限和相关法律法规，明确责任划分，避免工作失误和过失。

 **知识准备**

财会工作人员只有确认财会工作的职责权限和法律责任，才能认真履行和维护财会工作的严肃性和真实合法性。

 **任务实施**

一、财会部门人员构成

一般情况下，企业财务部门由以下人员组成：

（1）总会计师。

（2）会计工作人员。

（3）出纳工作人员。

（4）审计工作人员。

在大中型企业中，总会计师是单独设置的岗位，财会工作多是以总会计师为领导，以财务部经理为主管，以审计部为专职监督部门的一种会计工作的分工模式。但是，不是所有单位都设总会计师。

 **小提示1-5**

大多数企业是以财务部经理或会计主管领导财务部门。在这种形式下，通常财务部门会设会计主管、会计、出纳等少数岗位。审计及其他财务岗位工作都只作为财会部门的附带职能。甚至在小微企业，只设会计及出纳两个岗位。

二、财会岗位设置与权限

各个单位财会岗位的设置不仅需要与本单位业务活动的规模、特点相适应，也需要和单位的管理相适应。

财会岗位可以"一人一岗""一人多岗"或者"一岗多人"。

通常，业务活动规模大、业务过程复杂、经济业务量较大和管理较严格的单位，财会机构会相应较大，财会机构内部的分工会相应较细，财会人员和岗位也相应较多；相反，业务活动规模小、业务过程简单、经济业务量较少和管理要求不高的单位，财会机构相应较小，财会机构内部的分工会相应较粗，财会人员和岗位也相应较少。

 **小提示 1-6**

一般而言，小微企业大都"一人一岗"和"一人多岗"，而大中型企业"一岗多人"的情况则比较普遍。

不论是何规模，都要符合财会机构内部牵制制度，国际上也称为"会计责任分离"。通俗地说，就是"钱、账分离制度"，也就是说，凡涉及款项或者财物的收付、结算以及登记工作，必须由两人或者两人以上分工办理，以相互制约。

例如，出纳的主要工作是"管钱"，根据《中华人民共和国会计法》的有关规定，出纳不得兼任稽核、财会档案保管和收入、支出、费用以及债权债务账目的登记工作；对应地，做账的会计不得同时管理现金、存款的进出。

一般来说，财会岗位包括：

（1）总会计师（或行使总会计师职权）岗位。

（2）财会机构负责人（财会主管人员）岗位。

（3）出纳岗位。

（4）稽核岗位。

（5）资本、基金核算岗位。

（6）收入、支出、债权、债务核算岗位。

（7）工资核算、成本费用核算、财务成果核算岗位。

（8）财产物资的收发、增减核算岗位。

（9）总账岗位。

（10）对外财务报告编制岗位。

（11）财会电算化岗位。

（12）财会档案管理岗位（财会机构内财会档案管理）。

 **小提示 1-7**

对于财会档案管理岗位，在财会档案正式移交之前，归财务部门保管，其保管人员属于财会岗位；正式移交档案管理部门之后，不再属于财会部门保管，档案管理部门的人员管理财会档案，其不属于财会岗位。

想一想 1-4

按照班主任的提议，如果按照财会岗位设置与分工来管理班费收支使用和班级财产，应该怎么分工？

三、财会人员法律责任

随着 1985 年 1 月 21 日《中华人民共和国会计法》第一次颁布与施行，我国对财会人员及财会工作的要求更加严格和规范。随着一系列相关法律法规的出台，财会人员所负的法律责任也更加清晰和明确。

1.会计法律法规

会计方面相关的法律法规主要包含以下四个层次：

（1）《中华人民共和国会计法》（以下简称《会计法》）。

它是我国会计工作的基本法，是指导我国会计工作的最高准则。

《会计法》主要规定了我国现行的会计法规的基本目的、会计管理权限、会计责任主体、会计核算和会计监督的基本要求、会计人员和会计机构的职责权限，并对会计法律责任作出了详细规定。

小知识1-10

《中华人民共和国注册会计师法》

为了发挥注册会计师在社会经济活动中的鉴证和服务作用，加强对注册会计师的管理，维护社会公共利益和投资者的合法权益，促进社会主义市场经济的健康发展，全国人民代表大会常务委员会于1993年10月31日颁布了《中华人民共和国注册会计师法》，它也属于第一层次的会计法律法规。

（2）会计行政法规。

会计行政法规是国务院制定或批准发布的，针对经济生活中某方面会计关系的条例、办法或规定等，如《企业财务会计报告条例》等。

（3）会计部门规章。

会计部门规章是由财政部及相关部委制定的国家统一的会计准则制度或规范性文件，包括《企业会计准则》《小企业会计准则》等。

（4）地方性会计法规。

地方性会计法规是各省、自治区、直辖市的人民代表大会及其常委会在与财会法律、财会行政法规不相抵触的前提下制定的地方性法规。

2.财会人员应承担的职责

根据《会计法》的相关规定，财会人员应承担以下职责：

（1）进行财会核算：财会核算作为财会人员最基本的工作职责，财会人员有义务及时向有关利益相关者提供准确的财会信息，这也是财会工作最基本的要求。

（2）保证财会资料的时效性、真实性和合法性，执行财务监督。贯彻执行和维护国家财经方针、政策和纪律。

（3）参与经营管理，讲求经济效益。

3.法律责任

对于违反国家财会工作相关法律法规的行为，国家将依法追究法律责任。

我国财会人员所承担的财会法律责任分行政责任（包括行政处罚和行政处分）和刑事责任两种形式。

《会计法》关于法律责任的规定

第五章　法律责任

第四十条　违反本法规定，有下列行为之一的，由县级以上人民政府财政部门责令限期改正，给予警告、通报批评，对单位可以并处二十万元以下的罚款，对其直接负责的主管人员和其他直接责任人员可以处五万元以下的罚款；情节严重的，对单位可以并处二十万元以上一百万元以下的罚款，对其直接负责的主管人员和其他直接责任人员可以处五万元以上五十万元以下的罚款；属于公职人员的，还应当依法给予处分：

（一）不依法设置会计账簿的；

（二）私设会计账簿的；

（三）未按照规定填制、取得原始凭证或者填制、取得的原始凭证不符合规定的；

（四）以未经审核的会计凭证为依据登记会计账簿或者登记会计账簿不符合规定的；

（五）随意变更会计处理方法的；

（六）向不同的会计资料使用者提供的财务会计报告编制依据不一致的；

（七）未按照规定使用会计记录文字或者记账本位币的；

（八）未按照规定保管会计资料，致使会计资料毁损、灭失的；

（九）未按照规定建立并实施单位内部会计监督制度或者拒绝依法实施的监督或者不如实提供有关会计资料及有关情况的；

（十）任用会计人员不符合本法规定的。

有前款所列行为之一，构成犯罪的，依法追究刑事责任。

会计人员有第一款所列行为之一，情节严重的，五年内不得从事会计工作。

有关法律对第一款所列行为的处罚另有规定的，依照有关法律的规定办理。

第四十一条　伪造、变造会计凭证、会计账簿，编制虚假财务会计报告，隐匿或者故意销毁依法应当保存的会计凭证、会计账簿、财务会计报告的，由县级以上人民政府财政部门责令限期改正，给予警告、通报批评，没收违法所得，违法所得二十万元以上的，对单位可以并处违法所得一倍以上十倍以下的罚款，没有违法所得或者违法所得不足二十万元的，可以并处二十万元以上二百万元以下的罚款；对其直接负责的主管人员和其他直接责任人员可以处十万元以上五十万元以下的罚款，情节严重的，可以处五十万元以上二百万元以下的罚款；属于公职人员的，还应当依法给予处分；其中的会计人员，五年内不得从事会计工作；构成犯罪的，依法追究刑事责任。

第四十二条　授意、指使、强令会计机构、会计人员及其他人员伪造、变造会计凭证、会计账簿，编制虚假财务会计报告或者隐匿、故意销毁依法应当保存的会计凭证、会计账簿、财务会计报告的，由县级以上人民政府财政部门给予警告、通报批评，可以并处二十万元以上一百万元以下的罚款；情节严重的，可以并处一百万元以上五百万元以下的罚款；属于公职人员的，还应当依法给予处分；构成犯罪的，依法追究刑事责任。

第四十三条 单位负责人对依法履行职责、抵制违反本法规定行为的会计人员以降级、撤职、调离工作岗位、解聘或者开除等方式实行打击报复的，依法给予处分；构成犯罪的，依法追究刑事责任。对受打击报复的会计人员，应当恢复其名誉和原有职务、级别。

第四十四条 财政部门及有关行政部门的工作人员在实施监督管理中滥用职权、玩忽职守、徇私舞弊或者泄露国家秘密、工作秘密、商业秘密、个人隐私、个人信息的，依法给予处分；构成犯罪的，依法追究刑事责任。

第四十五条 违反本法规定，将检举人姓名和检举材料转给被检举单位和被检举人个人的，依法给予处分。

第四十六条 违反本法规定，但具有《中华人民共和国行政处罚法》规定的从轻、减轻或者不予处罚情形的，依照其规定从轻、减轻或者不予处罚。

第四十七条 因违反本法规定受到处罚的，按照国家有关规定记入信用记录。

违反本法规定，同时违反其他法律规定的，由有关部门在各自职权范围内依法进行处罚。

知识拓展

会计人员的法律责任

《会计法》第四条规定：单位负责人对本单位的会计工作和会计资料的真实性、完整性负责。该条虽然强调了单位负责人是本单位会计行为的责任主体，但并没有减轻会计人员在会计行为中的法律责任，而是增大和明确界定了会计人员在会计行为中的法律责任。

首先，在现实中，会计人员中有相当一部分人存在着违反《会计法》第四十条的规定，至今仍未引起足够重视的情况。对这些行为应承担的法律责任《会计法》第四十、四十一、四十二条都作出了明确规定。其次，会计人员作为会计机构的主体在从事会计工作的过程中，若有违反《会计法》规定的，不管是主观还是客观因素引起的，都将作为直接责任人员而承担应有的法律责任。

项目小结

财会就是以货币为主要计量单位，以提高经济效益为主要目标，运用专门方法对企业、机关、事业单位和其他组织的经济活动进行全面、综合、连续、系统的核算和监督，提供财会信息，并随着社会经济的日益发展，逐步开展预测、决策、控制和分析的一种经济管理活动。它是经济管理活动的重要组成部分。

核算和监督作为财会的两大基本职能，对单位的经济活动起着管理作用，随着经济活动越来越复杂，财会也起着评价经济业绩、预测经济前景和参与经济决策的作用。

要想从事财会工作，就必须对财会概念、财会职能、财会专业知识及相关知识都有一定程度的了解。从事财会工作必须要具备从事会计工作所需要的专业能力，我们必须遵循财会相关法律法规的要求从事财会工作。

项目训练

一、判断题

1.出纳可以兼任会计档案管理人员。 （   ）

2.现金出纳可以兼任银行存款管理人员。 （   ）

3.财会也可以用实物计量。 （   ）

4.财会中级会计证书考试必须在两年内全部通过三门课程。 （   ）

5.财会监督职能包括事前监督、事中监督和事后监督。 （   ）

二、单项选择题

1.会计的基本职能是（   ）。

A.反映与分析　　　　　　　　　　　　B.核算与监督

C.反映和核算　　　　　　　　　　　　D.控制与监督

2.会计对各单位经济活动进行核算时，统一的计量标准是（   ）。

A.劳动量度　　　　B.货币量度　　　　C.实物量度　　　　D.其他量度

3.会计的对象是（   ）。

A.资金的投入与退出

B.企业的各项经济活动

C.社会再生产过程中用货币表现出来的经济活动

D.预算资金运动

4.会计的职能（   ）。

A.随着经济的发展和会计内容、作用不断扩大而发展

B.随着生产关系的变更而发展

C.永恒不变

D.有时候会变，但大多数时候不变

5.会计的特点是（   ）。

A.进行价值管理　　　　　　　　　　　B.提供会计信息

C.控制经济活动　　　　　　　　　　　D.偶尔提高经济效益

三、多项选择题

1.会计监督包括（   ）。

A.事前监督　　　　B.事后监督　　　　C.外部监督　　　　D.事中监督

2.会计职能的特点是（   ）。

A.反映已发生的经济业务　　　　　　　B.具有完整性、连续性、系统性

C.主要计量尺度是货币　　　　　　　　D.可以预测未来

3.关于会计对象，下列说法中正确的有（   ）。

A.会计核算和监督的内容　　　　　　　B.资金运动

C.企业全部的经济活动　　　　　　　　D.社会再生产过程中的价值运动

4.下列关于会计法律层次的表述中，正确的有（　　　）。

A.《会计法》是最高层次的财会法律

B.会计行政法规是国务院制定或批准发布的

C.《企业会计制度》是国际统一的会计制度

D.地方人大制定的地方性法规也属于会计法律层次的内容

四、概念理解

某同学在复习财会基本概念时，列出了很多概念：

①会计对象　　　　　　　　A.管理活动

②会计职能　　　　　　　　B.资金运动

③会计任务　　　　　　　　C.货币、实物

④会计本质　　　　　　　　D.提供会计信息

⑤会计计量单位　　　　　　E.会计核算

要求：请你将左右两边相关内容连线。

五、填空题

1.财会是以_____为主要计量尺度，采用_____的方法，对_____和_____企业、行政事业单位能用_____表现的过程和结果进行评价、预测，以达到_____的目的。

2.财会的核算职能是指以货币作为主要_____，通过_____、_____、_____和_____四个环节，对特定主体的经济活动进行_____、_____和_____，从而提供信息的职能。

3.财会的核算职能是财会_____的职能。

4.财会的扩展职能有_____、_____和决策职能。

项目评价

内容		评价	
评价项目	3	2	1
理论部分	认识财会			
	了解财会专业知识			
	认识财会岗位			
素养部分	明确财会人员的基本素养即诚信，会背诵社会主义核心价值观的内容			
	能够举例说明财务工作要求的真实、准确、及时的事例			
	明确所有经济活动都需要严格遵守国家《会计法》和各级各类法律法规，不能跨越法律红线			
综合评价				

等级说明：

3——能高质、高效地完成此学习目标的全部内容，并能解决遇到的特殊问题

2——能高质、高效地完成此学习目标的全部内容

1——能圆满完成此学习目标的全部内容，不需要任何帮助和指导

评价说明：

优秀——2项任务及以上达到3级水平

良好——2项任务及以上达到2级水平

合格——全部任务都达到1级水平

不合格——不能达到1级水平

项目二 走进财会

学习目标

知识目标：

1. 了解会计假设、会计核算基础。

2. 熟悉会计要素、会计科目的分类。

3. 掌握会计等式的内涵。

4. 了解账户和复式记账的含义及账户的分类、试算平衡。

5. 熟悉借贷记账法的特点、账户结构和记账规则。

能力目标：

1. 能熟练说出常用会计科目。

2. 会正确编制会计分录。

3. 能用借贷记账法正确处理简单的经济业务。

素养目标：

1. 会计职业道德之于会计，如同社会道德之于社会风气，财会人员必须在职业道德的指引下处理各种会计问题。

2. 能在科学方法的指导下开展实践活动，合理制定中长期和短期目标。

3. 能够进行守恒关系的哲学思考，即"付出=收获"，并将其运用到在日常学习生活中。

4. 在处理问题时能够全面、系统地分析，即任何事件的发生，其影响都不是单方面的，而是有两个或两个以上的"复式影响"。

情境导入

小明父亲的饭店热热闹闹地开业了，开业当天，小明也去凑热闹，来来往往的人真多，饭店也请了不少工作人员：收银员、厨师、服务员……最奇怪的是，父亲竟然请了一位"账房先生"——会计，并准备了一个专门的房间给他工作用，小明想："饭店不就是每天买点材料回来，然后收顾客的钱，这么简单的事还用得上请人占用专门的一个房间吗？把这个房间空出来做个包房多好啊！到了年底看下盈利多少不就行了，我爸真是小题大做！"

任务一　　了解会计假设与会计核算方法

我们都知道财会人员属于单位的管理人员，那么，财会人员是不是对任何时间、任何单位发生的事情都要做账呢？答案是否定的。

任务描述

会计假设对财会人员进行会计核算的空间、时间及计量方法进行了规定，它让财会人员在工作时不至于"越轨"，是会计人员对会计核算所处的变化不定的环境做出的合理判断，是会计核算的前提条件。会计核算方法是财会人员进行核算的手段，财会人员就是通过会计核算参与企业管理的。

任务分析

作为一个财会人员，一定要分清哪些该做，哪些不该做，哪些时间应该做哪些事情，会计基本假设和会计核算基础对此都做出了说明；财会人员到底该做哪些事情、如何做账，也在会计核算方法中作了规定。

知识准备

会计核算是通过对经济活动的记录、计量来提供会计信息，但经济活动是变化不定的，为了便于开展会计工作，就必须对千变万化、错综复杂的经济业务从空间范围、时间界限、计量方法等作一些必要的、合乎情理的推断和人为规定。这些合乎情理的推断和人为规定，在会计上称为会计假设，也叫会计核算的基本前提。

会计核算方法是指对会计主体进行确认、计量和记录，并通过编制财务会计报告使其成为有效的会计信息所采用的手段和技术。

实际工作中，记账时间问题是每个单位都会遇到的"麻烦"，因此，清楚记账时间是很重要的。

任务实施

一、会计假设

我国企业会计准则规定，会计假设包括会计主体假设、持续经营假设、会计期间假设、货币计量假设四个方面的内容，如图2-1所示。

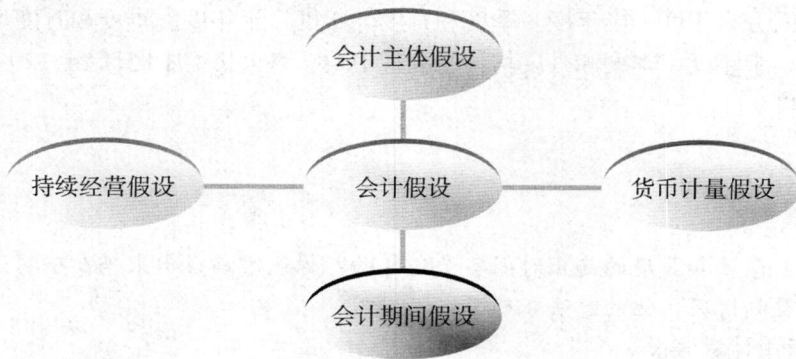

图2-1　会计假设

（一）会计主体假设

会计主体是指会计工作所要服务的特定单位或经济实体。凡是从事经济活动，实行独立核算的单位，在会计上都是会计主体。会计主体明确界定了会计必须站在具体的立场上来核算和监督所发生的交易、事项，它规定了会计核算的空间范围。

作为会计主体的特定单位，可以是一个法人单位，也可以是不具备法人资格的经济实体，如具有独立资金并能够单独核算生产经营成果的企事业内部单位；可以是一个独立的企业，也可以是由若干独立企业组织起来的、需要合并财务报表的公司或集团。企业、事业、机关等单位只要能控制一定经济资源并对其负法律责任，能进行独立核算，都可以成为会计主体，典型的会计主体是企业。

想一想2-1

小明父亲开的饭店，财务核算时会计主体应该是谁？

（二）持续经营假设

持续经营假设是指会计主体的经营活动在可以预见的未来能够连续不断地进行下去，不会宣布破产、停业、清算等。

企业是否持续经营，在会计原则、会计方法的选择上有很大差别。明确这个基本前提，会计人员就可以在此基础上选择会计原则和会计方法。例如，一般情况下，企业的固定资产可以在一个较长的时期发挥作用，如果判断企业会持续经营，就可以假定企业的固定资产会在持续进行的生产经营过程中长期发挥作用，固定资产就可以根据历史成本进行记录，并采用折旧的方法，将历史成本分摊到各个会计期间或相关产品的成本中。如果判断企业不会持续经营，固定资产就不应采用历史成本进行记录并按期计提折旧。

（三）会计期间假设

会计期间假设就是将持续经营的生产经营活动人为地划分成连续、相等的期间，据以结算盈亏，按期编制财务会计报告，从而及时向各方面提供有关企业财务状况、经营成果和现金流量的信息。

会计期间分为年度、半年度、季度和月度。年度、半年度、季度和月度均按公历起讫日期确定。半年度、季度和月度均称为会计中期。自公历1月1日起至12月31日止为一个会计年度。

想一想2-2

半年度、季度和月度的起止时间各是怎样的？你能准确说出来吗？小明认为会计就是年底看下盈利情况，他的想法正确吗？

（四）货币计量假设

货币计量假设是指在会计核算过程中要以货币作为主要计量单位，并且假设币值不变或基本不变。

我国会计核算以人民币为记账本位币。业务收支以人民币以外的货币为主的企业，可以选定其中一种货币作为记账本位币，但是编制的财务会计报告应当折算为人民币。在境外设立的中国企业向国内报送的财务会计报告，应当折算为人民币。

小知识2-1

记账本位币

记账本位币是指日常登记账簿和编制财务会计报告时用以表示计量的货币。

《会计法》和《企业会计准则》规定会计核算以人民币为记账本位币。同时也规定业务收支以人民币以外的货币为主的单位，可以选定其中一种外币作为记账本位币，但是编报的财务会计报告应当折算为人民币。

在一般情况下，企业采用的记账本位币都是企业所在国使用的货币，记账本位币是与外币相对而言的，凡是记账本位币以外的货币都是外币。

做一做2-1

龙发股份有限公司系2021年成立的合资企业，生产的产品既在国内销售，又往国外销售，经过几年的努力，外销业务不断扩大，到2024年4月，外销业务占整个业务的70%以上，而且主要集中在法国、德国等欧洲国家。如果你是企业的财务主管，你觉得公司应选择哪种货币作为记账本位币好呢？

二、会计核算基础

会计核算基础是确认一定会计期间的收入和费用，从而确定损益的标准。会计核算基础有两种：权责发生制和收付实现制。

（一）权责发生制

所谓权责发生制也称"应收应付制"，它是合理确认收入和费用应归属的会计期间的一项制度。根据权责发生制的要求，凡是当期已经实现的收入和已经发生或应当负担的费用，不论款项是否收付，都应作为当期的收入或费用处理；凡是不属于当期的收入和费用，即使款项已经在当期收付，都不作为当期的收入和费用。

在我国，企业会计应当以权责发生制为基础进行会计确认、计量和报告。

【例2-1】某企业本月发生以下经济业务：

（1）支付上月水费6 000.00元；

（2）收回上月的应收账款25 000.00元；

（3）收到本月的营业收入款10 000.00元；

（4）支付本月购买办公用品费用1 000.00元；

（5）本月应收营业收入35 000.00元，款项尚未收到；

（6）预收客户货款15 000.00元。

要求：根据以上资料采用权责发生制计算本月的收入、费用和盈亏。

解析：

收入：（3）10 000.00+（5）35 000.00=45 000.00（元）

费用：（4）1 000.00元

收益：45 000.00-1 000.00=44 000.00（元）

采用权责发生制本月收入、费用与收益的计算见表2-1。

表2-1　　　　　　　　采用权责发生制本月收入、费用与收益的计算　　　　　　　单位：元

收入		费用		收益
收到本月营业收入	10 000.00	本月购买办公用品费用	1 000.00	44 000.00
应收营业收入	35 000.00			
收入小计	45 000.00	费用小计	1 000.00	

从上例我们可以看出，在权责发生制下，本月应收营业收入35 000.00元，虽然款项尚未收到，但也作为本月的收入；相反，收回上月的应收账款25 000.00元，虽然款项已收到，但不作为本月的收入处理；支付本月购买办公用品费用1 000.00元，属于本月份的支出，作为费用；支付上月份水费6 000.00元，虽然发生了支出，但不作为本月费用。

（二）收付实现制

与权责发生制相对应的是收付实现制。

收付实现制是指凡是在本期以现金或银行存款收到的收入和支出的费用，不论是否属于本期，都应作为本期的收入和费用处理；反之，即使取得收入或发生费用，但没有实际款项收付的，则不作为当期的收入和费用。

很长一段时间内，我国的行政单位、事业单位的会计核算，一般采用收付实现制。有经营业务的事业单位，经营业务可以采用权责发生制，其他均采用收付实现制。随着现代财政制度逐步建立，仅用预算会计难以满足新形势下全面加强政府资产负债管理等的需要，从2019年1月1日起，我国行政事业单位财务会计核算实行权责发生制，行政

事业单位预算会计实行收付实现制，国务院另有规定的，依照其规定。

两种核算基础的比较，见表2-2。

表2-2　　　　　　　　　　　　　　　　两种核算基础比较表

项目	权责发生制	收付实现制
计入本期	本期已经实现的收入和已经发生或应当负担的费用（不论款项是否收付）	在本期以现金或银行存款收到的收入和支出的费用（不论是否属于本期）
不计入本期	不属于本期的收入和费用（不论款项是否收付）	本期没有实际收付的款项（不论是否属于本期）
优点	科学、合理、盈亏的计算比较准确	处理手续简便
缺点	比较复杂	不科学，对盈亏计算不准确
适用范围	企业会计、行政事业单位（财务会计）	行政事业单位（预算会计）

【例2-2】某事业单位本月份发生的经济业务同【例2-1】，采用收付实现制计算本月的收入、费用和盈亏。

解析：

收入：（2）25 000.00+（3）10 000.00+（6）15 000.00=50 000.00（元）

费用：（1）6 000.00+（4）1 000.00=7 000.00（元）

收益：50 000.00-7 000.00=43 000.00（元）

采用收付实现制本月收入、费用与收益的计算见表2-3。

表2-3　　　　　　　采用收付实现制本月收入、费用与收益的计算　　　　　　单位：元

收入		费用		收益
收到上月应收账款	25 000.00	支付上月水费	6 000.00	
收到本月营业收入	10 000.00	本月购买办公用品费用	1 000.00	43 000.00
预收客户货款	15 000.00			
收入小计	50 000.00	费用小计	7 000.00	

想一想2-3

根据表2-3，在收付实现制下是如何确认收入和费用的？

三、会计核算方法

会计方法是指为了达到会计目标，对会计对象进行核算和监督所使用的一系列手段的总称，是从事会计工作所使用的各种技术方法，一般包括会计核算方法、会计分析方

法和会计检查方法，其中会计核算方法是会计方法中最基本的方法，其他方法都是建立在会计核算方法之上的，这里主要介绍会计核算方法。会计核算工作程序图如图2-2所示。

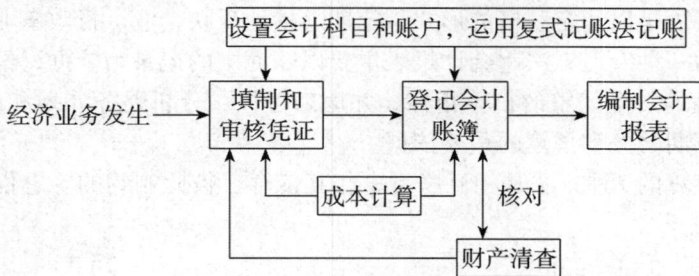

图2-2　会计核算工作程序图

（一）设置会计科目和账户

设置会计科目和账户是对会计核算的具体内容进行分类核算和监督的一种专门方法。由于会计对象的具体内容是复杂多样的，为了对各项经济业务进行系统的核算和经常性监督，就必须对经济业务进行科学的分类，以便分门别类地、连续地记录，以取得符合经营管理所需要的信息和指标。

（二）复式记账

复式记账是指对所发生的每项经济业务以相等的金额，同时在两个或两个以上相互联系的账户中进行登记的一种记账方法。采用复式记账法，可以全面反映每一笔经济业务的来龙去脉，而且可以做到相互核对监督，防止差错，便于检查账簿记录的正确性和完整性。

（三）填制和审核凭证

会计凭证是记录经济业务，明确经济责任，作为记账依据的书面证明。每项经济业务的发生和完成，都要在会计凭证上记录，并经过专人审核无误后才能作为会计核算的依据。因此，正确填制和审核会计凭证，是核算和监督经济活动、做好会计工作的前提。

（四）登记会计账簿

登记会计账簿简称记账，是以审核无误的会计凭证为依据，在账簿中分类、连续、完整地记录各项经济业务，以便为经济管理提供完整、系统的会计核算资料。账簿记录是重要的会计资料，是进行会计分析、会计检查的重要依据。

（五）成本计算

成本计算是按照一定对象归集和分配生产经营过程中发生的各种费用，以便确定各对象的总成本和单位成本的一种专门方法。正确地进行成本计算，可以考核生产经营过程的费用支出水平，同时又是确定企业盈亏和制定产品价格的基础。通过成本计算可以了解各成本计算对象在生产经营过程中的消耗情况，为企业加强经营管理，进行成本控制提供重要数据。

（六）财产清查

财产清查是指通过盘点实物、核对账目，以查明各项财产物资实有数额的一种专门方法。通过财产清查，可以提高会计记录的正确性，保证账实相符。同时，还可以查明各项财产物资的保管和使用情况以及各种结算款项的执行情况，以便对积压或损毁的物资和逾期未收到的款项，及时采取措施，进行清理和加强对财产物资的管理。

（七）编制会计报表

编制会计报表是以特定表格的形式，定期总括地反映企业、行政事业单位的经济活动情况和结果的一种专门方法。会计报表主要以账簿中的记录为依据，经过一定的方法加工整理而产生的一套完整的核算指标，并用来考核、分析财务计划和预算执行情况，以及作为编制下期财务和预算的重要依据。

以上会计核算的7种方法是相互联系、相互依存、彼此制约的。它们构成了一个完整的方法体系。

想一想2-4

小明认为饭店会计做账就是计算收了多少钱、用了多少钱，他的这种想法准确吗？在核算时会计要做哪些工作？这些工作是相互独立的吗？

知识拓展

工业企业的经济活动

会计主要是核算各单位的经济活动，而尤以工业企业经济活动最具有代表性。工业企业的经济活动过程一般包括三个阶段：筹集资金阶段—供产销等资金在企业内部循环阶段—资金退出企业阶段。

从货币资金形态开始，沿着供应、生产、销售这三个过程周而复始地不断循环，这就是资金的周转。

任务二　　认识会计要素与会计科目

企业的物品有成千上万，数量、变化都需要财会人员来记录，财会人员对每件东西的记录都能不重不漏，难道有"三头六臂"不成？肯定不是，方法就是财会人员对这些物品都进行了分类，这些具体分类就是会计要素与会计科目。

任务描述

企业物品管理是日常经济业务中最常见、数量最多的事务，财会人员就是通过会计要素与会计科目将各种物品分门别类登记，物品的数量、价值等才会有清晰的记载。

任务分析

能够对企业所有物品进行分类记载是财会人员必须掌握的一种专门技术，所以，如何对会计对象进行分类，是每一个财会人员进行准确分类记账的前提。

知识准备

会计要素是对会计对象的基本分类，是会计对象的具体化，是会计报表项目的基本框架，也是会计账户记录的具体内容。会计科目是对会计要素按经济业务的内容和经营管理的需要进一步分类后形成的项目。

实际上，会计要素与会计科目既有联系，又有区别。

任务实施

一、会计要素

我国《企业会计准则》规定会计要素包括资产、负债、所有者权益、收入、费用、利润，即把会计对象划分为六大要素。其中，资产、负债、所有者权益是反映财务状况的要素；收入、费用、利润是反映经营成果的要素。会计要素构成图如图2-3所示。

会计要素
- 反映企业财务状况的要素：资产、负债、所有者权益
- 反映企业经营成果的要素：收入、费用、利润

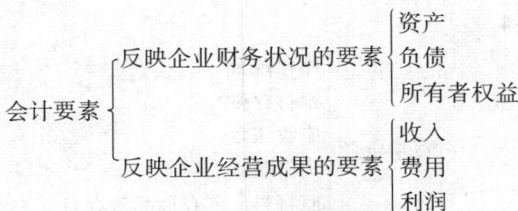

图2-3　会计要素构成图

（一）资产

1.资产的概念

资产是指企业过去的交易或者事项形成的，由企业拥有或者控制的，预期会给企业带来经济利益的资源，如货币资金、原材料、机器设备、厂房场地等。资产的确认除了符合资产的定义，还应同时满足以下两个条件：

①与该资源有关的经济利益很可能流入企业；

②该资源的成本或者价值能够可靠地计量。

2.资产的特征

资产是由过去的交易或事项所形成的，能够被企业拥有或控制，而且资产预期会给企业带来经济利益。

3.资产的分类

资产按照流动性可分为流动资产和非流动资产两大类。所谓"流动性"就是它们变为现金或被耗用的难易程度（亦称变现能力）。变现快，说明流动性相对较强；变现慢，说明流动性相对较弱。库存现金是变现能力最快的资产。

假如你面临工作调动即将离开这个你工作生活多年的城市，那么，多年来的积蓄，比如房子、家具和现金等，你觉得怎么带走比较方便？

小知识2-2

资产的其他分类方法

资产还有其他的分类方法，比如按照有无实物形态，我们还可以将企业资产分为有形资产和无形资产两大类。

想一想2-6

企业预计在未来某个时点将要购买的设备，能作为企业的资产吗？帮小明想一下，其父亲饭店的资产有哪些？

资产的构成见图2-4。

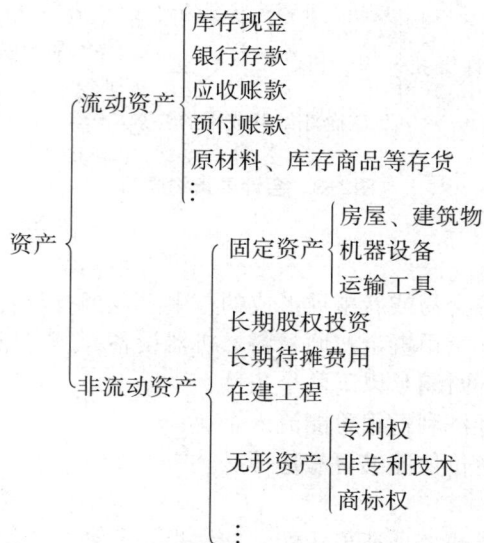

```
                    ┌ 库存现金
                    │ 银行存款
              流动资产│ 应收账款
                    │ 预付账款
                    │ 原材料、库存商品等存货
                    │ ⋮
  资产 ┤                        ┌ 房屋、建筑物
                    │      固定资产 │ 机器设备
                    │              └ 运输工具
                    │       长期股权投资
              非流动资产│      长期待摊费用
                    │       在建工程
                    │                ┌ 专利权
                    │      无形资产 │ 非专利技术
                    │               └ 商标权
                    └ ⋮
```

图2-4　资产的构成

（二）负债

1.负债的概念

简单地讲，负债就是企业欠别人的债务。它是指过去交易和事项形成的，预期会导致经济利益流出企业的现时义务。负债的确认除了符合负债的定义外，还应同时满足以下两个条件：

①与该义务有关的经济利益很可能流出企业；

②未来流出的经济利益的金额能够可靠地计量。

2.负债的特征

负债是由企业过去的交易或事项产生的，由企业所承担的现时义务，而且预期会导致经济利益流出企业。

3.负债的分类

负债按照偿还期限的长短分为流动负债和非流动负债。负债的构成如图2-5所示。

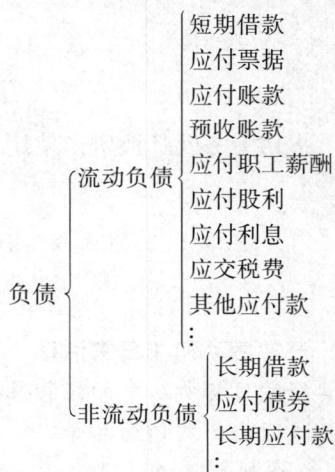

短期借款
应付票据
应付账款
预收账款
应付职工薪酬
应付股利
应付利息
应交税费
其他应付款
⋮

长期借款
应付债券
长期应付款
⋮

负债 { 流动负债 / 非流动负债

图2-5 负债的构成

想一想2-7

晨鸣印刷厂从龙阳造纸厂赊购了一批材料，晨鸣印刷厂是否和龙阳造纸厂形成了债权债务关系？谁拥有债权？谁是债务人？

（三）所有者权益

1.所有者权益的概念

所有者权益是指企业所有者在企业资产中享有的经济利益。公司的所有者权益又称为股东权益。从数量上讲，所有者权益等于资产与负债的差额。

2.所有者权益的组成内容

所有者权益包括实收资本、资本公积、盈余公积和未分配利润等项目。一般而言，实收资本和资本公积是由所有者直接投入的，而盈余公积和未分配利润则是由企业在生产经营过程中所实现的利润留存在企业所形成的，因此，盈余公积和未分配利润又被称为留存收益。所有者权益构成如图2-6所示。

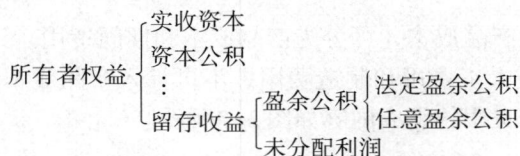

所有者权益 { 实收资本 / 资本公积 / ⋮ / 留存收益 { 盈余公积 { 法定盈余公积 / 任意盈余公积 } / 未分配利润 }

图2-6 所有者权益的构成

想一想2-8

晨鸣印刷厂无偿接受龙阳造纸厂捐赠的材料一批，企业领导认为该批材料是企业没有付出任何代价而取得的，因此，要求会计不用入账处理。你认为这种做法正确吗？

（四）收入

1.收入的概念

收入是指企业在销售商品、提供劳务及让渡资产使用权等日常活动中形成的经济利益的总流入。

小知识2-3

日常活动和非日常活动

日常活动是指企业为完成其经营目标所从事的经营性活动以及相关的其他活动。如生产企业生产、销售产品，商品流通企业购销商品等。

非日常活动也可能会导致经济利益流入企业，比如政府补助、捐赠所得、盘盈所得等，这种与企业的日常经营无关的经济利益的流入不是我们这里所说的收入，是利得。

2.收入的分类

企业的收入可分为主营业务收入和其他业务收入。主营业务收入是企业日常从事的主要经营项目的收入，如工业企业生产销售产品的收入，旅游企业提供旅游服务的收入。其他业务收入是指主营业务以外的其他活动所取得的收入，如工业企业销售材料、出租固定资产等收入。

想一想2-9

企业所取得的收入都是以收到银行存款或现金的形式反映的吗？

（五）费用

1.费用的概念

费用是指企业为销售商品、提供劳务等日常活动所发生的经济利益的流出。

2.费用的内容

费用按其是否计入产品成本，可分为产品成本和期间费用。计入产品成本的费用包括直接材料费用、直接人工费用和制造费用；不可计入产品成本的费用包括销售费用、管理费用和财务费用。费用的组成内容如图2-7所示。

$$费用\begin{cases}产品成本\begin{cases}直接材料费用\\直接人工费用\\制造费用\end{cases}\\期间费用\begin{cases}管理费用\\销售费用\\财务费用\end{cases}\end{cases}$$

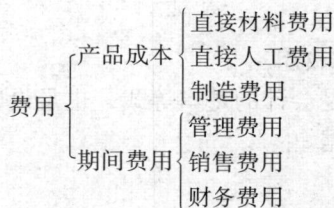

图2-7　费用的组成内容

？ 想一想2-10

武汉龙井环保家具有限公司2024年4月生产办公桌一批，耗用木料80 000.00元，支付工资9 000.00元，机器折旧费4 500.00元，办公费3 000.00元，广告费6 000.00元，利息费用3 000.00元。你能分清哪些费用能计入成本，哪些费用不能计入成本吗？

（六）利润

1.利润的概念

利润是指企业一定期间的经营成果，是各种收入扣除成本费用后的余额。

2.利润的构成

利润按其构成分为营业利润、利润总额和净利润。公式如下：

$$营业利润=营业收入-营业成本-税金及附加-销售费用-管理费用-财务费用+投资收益(-投资损失)+公允价值变动收益(-公允价值变动损失)-资产减值损失$$

利润总额=营业利润+营业外收入-营业外支出

净利润（税后利润）=利润总额-所得税费用

二、会计等式

会计六大要素之间的关系，见表2-4。

表2-4　　　　　　　　　　**会计六大要素之间的关系**

资产=负债+所有者权益	利润=收入-费用
资金运动的静态表现	资金运动的动态表现
表明资产的来源和归属	表明经营成果与相应期间收入、费用的关系
编制资产负债表的依据	编制利润表的基础

（一）会计基本等式

1.静态等式

企业开展经营活动必须拥有一定的资产，这些资产可以是投资人投入或向债权人借入，为企业提供资产的各方，对企业具有要求权，会计上称这种要求权为权益。企业有多少资产就相应有多少权益，它们始终是相等的。可用公式表示如下：

资产=权益

权益又分为两类：一类是债权人权益，形成了企业的债务，称之为负债；另一类是投资人权益，包括投资人的资本金及经营所得，称之为所有者权益，因此上述公式可表示为：

会计等式

资产=负债+所有者权益

这个平衡公式是会计的基本等式，也是设置会计账户、复式记账和编制会计报表的基本依据。

2.动态等式

企业的资金在循环周转中，会产生一些收入和费用，两者相比，收入大于费用，形成利润；相反，收入小于费用则形成亏损。因此，收入、费用和利润三要素在资金动态情况下也存在平衡关系，其公式如下：

利润=收入–费用

（二）会计扩展等式

如果把六个会计要素综合起来，在会计期间的任何时刻，两个公式可以合并为：

资产=负债+所有者权益+收入–费用

或　资产+费用=负债+所有者权益+收入

 想一想2-11

企业开展经济活动，引起会计要素在数量上发生增减变化，是否会破坏会计等式的平衡关系？

（三）会计平衡公式

对于静态等式"资产=权益"，它是企业财务状况的表达式，也称会计恒等式。企业日常发生的经济业务多种多样，但无论企业在生产经营过程中发生什么样的经济业务，引起资产、负债和所有者权益这三个会计要素在数量上发生怎么样的增减变化，都不会破坏会计恒等式的平衡关系。下面我们来举例说明（所有业务不考虑增值税）。

【例2-3】2024年4月7日，武汉长隆公司接受投资单位投入设备一台，价值50 000.00元。

这项业务发生后，使资产方的固定资产项目增加了50 000.00元，权益方的实收资本项目增加了50 000.00元。由于资产和权益双方有关项目都以相等的金额增加，因此双方总额依然相等，仍然保持平衡。

【例2-4】2024年4月15日，武汉长隆公司以银行存款80 000.00元偿还短期借款。

这项业务发生后，使资产方的银行存款项目减少了80 000.00元，权益方的短期借款项目减少了80 000.00元。由于资产和权益双方有关项目都以相等的金额减少，因此双方总额依然相等，仍然保持平衡。

【例2-5】2024年4月21日，武汉长隆公司以银行存款购入150 000.00元材料。

这项业务发生后，使资产方的银行存款项目减少了150 000.00元，资产方的存货——原材料项目增加了150 000.00元。由于这项业务所引起的增减变化发生在同一类项目中，且金额又是相等的，虽然使单个项目金额发生了变化，但不会影响总额的变动，此时权益金额不变，因此双方总额依然相等，仍然保持平衡。

【例2-6】2024年4月28日，武汉长隆公司开出商业承兑汇票一张，金额为900 000.00元，以抵付前欠的应付账款。

这项业务发生后，使权益方的应付账款项目减少了900 000.00元，权益方的应付票据项目增加了900 000.00元。由于这项业务所引起的增减变化发生在同一类项目中，且金额又是相等的，虽然使单个项目金额发生了变化，但不会影响总额的变动，此时资产总额不变，因此双方总额依然相等，仍然保持平衡。

以上四项经济业务具有典型性，任何企业发生的经济业务所引起的资产与权益变化关系无非是这四种类型，即：

（1）资产与权益同时增加（如【例2-3】）；

（2）资产与权益同时减少（如【例2-4】）；

（3）资产之间有增有减（如【例2-5】）；

（4）权益之间有增有减（如【例2-6】）。

如果将权益划分为负债和所有者权益，即扩展到公式：资产=负债+所有者权益，则相应扩展为9种变化类型，见表2-5。

表2-5 经济业务的发生不会影响会计等式的平衡关系

经济业务类型	记入金额
1.资产、所有者权益同时增加	等量增加
2.资产、所有者权益同时减少	等量减少
3.资产、负债同时增加	等量增加
4.资产、负债同时减少	等量减少
5.资产一增一减	一增一减
6.负债一增一减	一增一减
7.所有者权益一增一减	一增一减
8.所有者权益增加、负债减少	一增一减
9.所有者权益减少、负债增加	一增一减

通过会计等式，也可以简单地计算得出企业的财务状况和经营成果。

一位个体户老板，不知道他的商店在年末经营状况如何、当年的经营业绩怎样。他将以下有关商店的信息提供给你（不考虑折旧），截至2024年4月30日的数据见表2-6。你能告诉该商店老板年末的财务状况和经营成果吗？

表2-6 　　　　　　　　　　截至2024年4月30日的数据　　　　　　　　　单位：元

有关会计事项	金 额
支付给员工的工资	10 700.00
年末商品价值	5 800.00
销售成本	60 440.00
支付薪水	20 600.00
销售收入	130 820.00
年末商店和土地的价值	80 000.00
钱柜里现金和银行中存款	5 100.00
杂项费用（包括电费、电话费等）	15 500.00
年末欠供应商的款项	4 500.00

三、会计科目与账户

（一）会计科目

1.会计科目的含义

会计科目是对会计要素按经济业务的内容和经营管理的需要进一步分类后形成的项目。

虽然会计对象已经分为资产、负债、所有者权益、收入、费用和利润六大要素，但是由于企业单位日常发生的经济业务多种多样，这样的分类对于具体的核算和管理仍然显得比较粗略，无法满足会计信息具体反映资金增减变动的要求。

例如"企业用80 000.00元购买电脑"，对于企业来说，"80 000.00元"和"电脑"都是单位的资产，"电脑"这个资产增加了80 000.00元，同时"钱"又减少了80 000.00元，那么资产总额就没变。如果对资产不进行项目细分，就无法了解钱怎么变成了电脑。因此需要对会计要素进一步分类，为每一细分项目赋予一个固定的名称，众多的名称统称为"会计科目"。在实际工作中，"会计科目"也简称为"科目"。

小提示2-1

实际上，会计科目的名字是非常形象好记的，比如，"银行存款"就是企业存在银行里的钱；出纳保管的钱一般就是我们所说的"库存现金"；而买了东西应该付给别人而实际没付的钱就是"应付账款"了。

2.会计科目的分类。

（1）按经济内容分类。

根据企业会计准则的规定，会计科目按经济内容的性质和特点不同，可分为资产、负债、共同、所有者权益、成本和损益六类。由于共同类科目很少见，这里不叙述。

第一类，资产类科目。如反映流动资产的"库存现金""银行存款""应收账款""原材料""库存商品"等科目；反映非流动资产的"固定资产""无形资产"等科目。

第二类，负债类科目。如反映流动负债的"短期借款""应交税费""应付账款""应付职工薪酬"等科目；反映非流动负债的"长期借款""长期应付款"等科目。

第三类，所有者权益类科目。如反映企业资本金的"实收资本""资本公积"科目；反映留存收益的"盈余公积""本年利润"等科目。

第四类，成本类科目。如反映制造成本的"生产成本""制造费用"等科目。

第五类，损益类科目。如反映生产经营损益的"主营业务收入""其他业务收入""主营业务成本""其他业务成本""管理费用""财务费用""销售费用""投资收益"等科目；反映利得和损失的"营业外收入""营业外支出"等科目。

（2）按所反映的经济内容的详细程度分类。

为了体现会计信息的不同详细程度，我们将会计科目的级次分为以下两大类。

第一类，总分类科目。总分类科目是反映总的概括性核算指标的科目，如"原材料""库存现金""固定资产""应付职工薪酬""管理费用""实收资本"等。总分类科目也称总账科目、一级科目。

第二类，明细分类科目。明细分类科目是对总分类科目的进一步分类，反映核算指标详细情况的科目，也称明细科目。如"原材料"科目，它能反映企业所有材料的总括情况，但不能反映各种材料的分类情况，因此需要在"原材料"科目下设置"原料及主要材料""辅助材料""燃料"等子目。还可以在子目下按材料品名、规格等设置更小的细目。子目又称二级科目，细目可以是三级科目或四级科目。会计科目级次例图如图2-8所示。

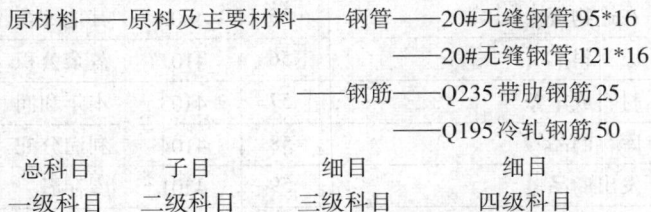

原材料——原料及主要材料——钢管——20#无缝钢管95*16
　　　　　　　　　　　　　　　　　——20#无缝钢管121*16
　　　　　　　　　——钢筋——Q235带肋钢筋25
　　　　　　　　　　　　　——Q195冷轧钢筋50

总科目	子目	细目	细目
一级科目	二级科目	三级科目	四级科目

图2-8　会计科目级次例图

但也不是所有的会计科目都越细越好，有的只设一级科目就行，不需设二级，比如，"累计折旧"科目。同时，为了便于登记、汇总和适于会计电算化，应对会计科目规定统一编号。如1001库存现金、1002银行存款、1405库存商品等。

想一想2-12

会计科目是对会计要素分类后取的名字,那么,这个名字能随便取吗?

3.会计科目设置的原则

会计科目的设置应当有利于提高工作效率,为企业单位提供有用的会计信息,因此,会计科目不能随意设置。在实际工作中,总账科目即一级科目是由我国财政部门统一规定的,企业主管部门可在财政部规定的范围内根据本行业的实际情况进行增设或合并,除统一规定外,可根据本单位的规模大小、业务特点和管理要求等实际情况自行设置会计子目、细目。会计科目设置时一般应遵循合法性、相关性及实用性原则。

我国工业企业常用的部分会计科目分类和编号情况见表2-7。

表2-7　　　　　　　　　　　　　会计科目简表

序号	编号	会计科目名称	序号	编号	会计科目名称
		一、资产类	43	2232	应付股利
1	1001	库存现金	44	2241	其他应付款
2	1002	银行存款	45	2501	长期借款
3	1012	其他货币资金	46	2502	应付债券
4	1101	交易性金融资产	47	2701	长期应付款
5	1121	应收票据			三、共同类
6	1122	应收账款	48	3001	清算资金往来
7	1123	预付账款	49	3002	外汇买卖
8	1124	合同资产	50	3101	衍生工具
9	1131	应收股利	51	3201	套期工具
10	1132	应收利息	52	3202	被套期项目
11	1221	其他应收款			四、所有者权益类
12	1231	坏账准备	53	4001	实收资本
13	1401	材料采购	54	4002	资本公积
14	1402	在途物资	55	4003	其他综合收益
15	1403	原材料	56	4101	盈余公积
16	1404	材料成本差异	57	4103	本年利润
17	1405	库存商品	58	4104	利润分配
18	1406	发出商品	59	4201	库存股
19	1407	商品进销差价			五、成本类
20	1408	委托加工物资	60	5001	生产成本
21	1411	周转材料	61	5101	制造费用
22	1471	存货跌价准备	62	5201	劳务成本

序号	编号	会计科目名称	序号	编号	会计科目名称
23	1601	固定资产	63	5301	研发支出
24	1602	累计折旧			六、损益类
25	1603	固定资产跌价准备	64	6001	主营业务收入
26	1604	在建工程	65	6011	利息收入
27	1605	工程物资	66	6051	其他业务收入
28	1606	固定资产清理	67	6101	公允价值变动损益
29	1701	无形资产	68	6111	投资收益
30	1702	累计摊销	69	6115	资产处置损益
31	1703	无形资产减值准备	70	6117	其他收益
32	1711	商誉	71	6301	营业外收入
33	1901	待处理财产损溢	72	6401	主营业务成本
		二、负债类	73	6402	其他业务成本
34	2001	短期借款	74	6403	税金及附加
35	2101	交易性金融负债	75	6601	销售费用
36	2201	应付票据	76	6602	管理费用
37	2202	应付账款	77	6603	财务费用
38	2203	预收账款	78	6604	勘探费用
39	2204	合同负债	79	6701	资产减值损失
40	2211	应付职工薪酬	80	6711	营业外支出
41	2221	应交税费	81	6801	所得税费用
42	2231	应付利息	82	6901	以前年度损益调整

小提示 2-2

　　财会〔2006〕18号文《财政部关于印发〈企业会计准则——应用指南〉的通知》设置了156个科目，之后修改和增加了十几个科目，目前汇总数量达170余个。其中财会〔2014〕7号文中新增"其他综合收益"会计科目；财会〔2018〕15号文中新增"合同资产""合同负债"会计科目；财会〔2016〕22号文中将"营业税金及附加"这个会计科目修改为"税金及附加"。

　　（二）账户

　　会计科目只是会计对象具体内容的分类名称而已，怎样才能把经济业务的内容记录下来呢？我们必须利用一定的工具，我们要为每一个会计科目建一个"房子"（或者说是一个家）才行。

1.账户的概念

账户是根据会计科目设置的,具有一定格式和结构,用于分类反映会计要素增减变动及其结果的载体。设置账户是会计核算的一种专门方法。

2.账户的分类

账户的分类与会计科目的分类相对应,账户按提供会计信息的详细程度不同,根据总分类科目设置总分类账户,根据明细分类科目设置明细分类账户。

总分类账户,反映所属明细分类账户的总括资料,只用价值指标进行计量,对明细分类账户起到统驭作用,所以,又简称总账账户或总账。按总账反映经济内容的不同,企业的账户可分为资产类账户、负债类账户、所有者权益类账户、共同类账户、成本类账户、损益类账户六类。明细分类账户,是对总分类账户所作的更详细的分类,是对总账账户内容的细项进行核算,是总分类账户的补充,简称明细账。如"应收账款"总分类账余额为800 000.00元,按债务人分:长江公司450 000.00元、通融公司150 000.00元、南方公司200 000.00元。因此,归纳得出总分类账户与明细分类账户关系等式:

总账账户余额 = $\sum$ 所属各个明细账账户余额

3.账户的结构

账户的结构是用来反映经济业务核算内容的增加、减少和结余情况所采用的一定格式。

想一想2-13

账户是给每个会计科目的一个"家",有"家"就要有"房子",那"房子"是什么样的结构呢?

经济业务是错综复杂的,每项变化着的经济业务,从数量方面来分析,不过是引起资金增加和减少两种情况,以及增减变化后的结果,因此,必须在账户中开设"增加"栏、"减少"栏、"余额"栏,这就是账户的基本结构。为了便于随时考查每项经济业务的内容、记账时间、记账依据,在账户中还应该开设"摘要""年、月、日""凭证字号"等辅助栏目,顺序排列形成一个完整的账户,见表2-8。

表2-8 账户的结构

账户名称:(会计科目)

年		凭证		摘要	增加	减少	增或减	余额
月	日	字	号					

我们把账户中登记本期增加的金额叫作"本期增加发生额",相应地,登记本期减少的金额叫作"本期减少发生额",增减相抵后的差额叫作"账户余额",按表示的时间不同,余额又分为期初余额和期末余额。

这里的"增加""减少""余额"只是一个数量概念。在不同的记账方法上,有不同的账户结构。在"借贷记账法"下账户结构见表2-9。

表2-9　　　　　　　　　　账户的结构（借贷记账法）

账户名称：（会计科目）

年		凭证		摘要	借方	贷方	借或贷	余额
月	日	字	号					

为了便于说明，习惯上将上述账户结构简化为"T"型账户（也称"丁"字型账户）。

借方（左）　　　　　　　　　账户名称（会计科目）　　　　　　　　　贷方（右）

小知识2-4

账户、账页和账簿

账户基本结构："增加""减少""余额"。按一定的账户结构印成固定格式，我们称之为"账页"；若干账页订装成册，我们称之为"账簿"。

知识拓展

会计科目与账户的关系

会计科目与账户是两个不同的概念，它们之间既有联系又有区别。

二者联系：两者都是用来反映会计对象的具体内容的。科目是账户的名称或户头，是设置账户的依据，科目规定账户的核算内容。每个企业都必须按照会计科目规定的内容设置账户；会计科目与账户的分类标准、方法、口径是一致的，结果是一样的；会计科目与账户的级次是相同的，根据总分类科目设置总分类账户，根据明细分类科目设置明细分类账户。

二者区别：会计科目是表明经济业务内容的项目，而账户能反映某一业务的增减变化情况。科目仅仅是对会计对象的内容进行分类，确定了分类核算的范围，而本身不具备结构，因此，它本身并不能对经济业务内容进行具体反映；账户有一定的结构，可以用来进行日常的核算。因此，科目所确定的核算内容必须通过账户的登记才能完整表现出来。

在日常实践中，往往对会计科目和账户不加以严格区分。

企业的资金每天都在发生着各种各样的变化，而财会人员总是能准确地说出这些资金的使用情况、来龙去脉，是财务人员的记忆力超群吗？答案就在财会人员所使用的记账方法上！

任务描述

复式记账法是对于每一会计事项所引起的资金增减变化都以相等的金额同时在两个或两个以上相互联系的账户中进行登记的一种方法。财会人员就是通过复式记账法才变得"记忆力超群"的。财会人员根据复式记账法记录各项经济业务，它是会计核算的前提。

任务分析

对财会人员来说，复式记账法（借贷记账法）是会计记账的必备"武器"。在收到一项经济业务的单据后，及时分析，将引起的资金变化在两个或两个以上账户中进行登记是财会人员做账的必经步骤。

知识准备

借贷记账法是常用的一种复式记账方法，它以资产与权益的平衡关系为基础，以"借""贷"作为记账符号，以"有借必有贷，借贷必相等"作为记账规则，通常用会计分录来书写。

在实际的会计工作中，我们要登记账户，就必须把经济业务发生情况的会计分录编制记账凭证形式。

任务实施

一、复式记账法

1.复式记账的概念

设置会计账户后，每项经济业务发生引起的资金变动，采用什么方法才能将其来龙去脉都记录到账户中去？记几个账户才能连续、系统、清晰地反映资金活动的结果？记账方法是在账簿中登记会计事项的方法。记账方法分为单式记账法和复式记账法两种。

想一想2-14

企业用存在银行的款项支付50 000.00元，购入15台电脑，怎么记账？

方法一：只登记"银行存款"减少50 000.00元，去向不予以登记，那么，会不会有人问"50 000.00元到哪里去了？"方法二：登记"银行存款"减少50 000.00元，同时又登记"固定资产——电脑"增加50 000.00元（15台）。还有疑问吗？如果你是会计，你选择哪种方法记账？

单式记账法是指对发生的会计事项只在一个账户中登记的记账方法。例如上述"方法一"，因为只记录了每笔经济业务的资金是增加还是减少，而没有反映出资金的增减原因或去向，因而，它不能系统地反映经济活动的全面情况。虽然简单，但无法满足日趋复杂的社会经济活动需要。

复式记账法又称复式记账，是对每一会计事项所引起的资金增减变化都以相等的金额同时在两个或两个以上相互联系的账户中进行登记的一种方法。例如，上述"方法二"，它能够系统全面地反映该笔业务资金运动的来龙去脉，以及其引起的资产与权益变化情况和变化结果。复式记账是会计核算的一种专门方法。

采用复式记账法，可以利用会计要素之间的内在联系和试算平衡公式，来检查账户记录的准确性，发现账户记录中的遗漏、差错，它是一种比较完善的记账方法，为世界各国所采用。

想一想2-15

如果你是班级的生活委员，用班费200.00元现金购买两个足球，你会如何记账？如果用单式记账法，你应如何记账？再考虑用复式记账法又应如何记账？哪种方法好？

2.复式记账的种类

在长期的会计实践中，复式记账被广泛运用，逐步形成了多种形式的复式记账法。按照记账符号、记账规律、试算平衡方法的不同，我国历史上曾经运用过收付记账法、增减记账法、借贷记账法三种。我国在1993年明确规定中国境内的所有企业都采用借贷记账法。

二、借贷记账法

（一）借贷记账法的概念

借贷记账法是以资产与权益的平衡关系为基础，以"借""贷"作为记账符号，以"有借必有贷，借贷必相等"作为记账规则的一种复式记账方法。

借贷记账法产生于13世纪资本主义萌芽阶段的意大利，大约在15世纪形成了比较完备的复式记账法。其中，"借""贷"二字的含义，最初是从银行资本家的角度来解释的，用以表示债权（应收款）和债务（应付款）关系的增减变化。随着商品经济的发展，借贷记账法不仅用于银行业，而且在其他各行业的使用也越来越广泛。"借""贷"二字在账户中失去了原来的含义，成为一种纯粹代表记账方向的符号。

"借""贷"二字在账户结构中，表示经济业务记入的方向，从而满足了复式记账法的要求。实践证明，借贷记账法是一种比较科学的记账方法。

（二）借贷记账法的特点

1.借贷记账法的记账符号

以"借"和"贷"为记账符号，只代表账户上两个对立的方位，反映经济业务的增减变化。对每一账户来说，如果规定借方表示增加，则贷方就表示减少；如果规定贷方表示增加，则借方就表示减少。"借"和"贷"本身并不确定表示为增或减，只有具体到某一类账户，才能明确该账户"借"和"贷"所表示的增减含义。借贷记账法记账符号反映的经济内容见表2-10。

表2-10　　　　　　　借贷记账法记账符号反映的经济内容

记账符号	反映的经济内容	
	资金的分布（资产、成本）	资金的来源（负债、所有者权益）
借	增加	减少
贷	减少	增加

小提示2-3

借贷记账法中的"借""贷"二字现在仅仅只是记账的符号，本身没有任何实际的含义，千万不要将它们与实际生活中的"借""贷"二字联系起来。

2.借贷记账法的账户基本结构

在借贷记账法下，账户的基本结构分为左右两方，左方称为借方，右方称为贷方。

借方　　　　　　　　　　　　账户名称（会计科目）　　　　　　　　　　　　贷方

由于资产位于会计恒等式的左边，因此，在资产、成本、支出类账户中，习惯上借方用来登记增加额，贷方用来登记减少额；与其相反，在负债、所有者权益、收入类账户中，习惯上贷方用来登记增加额，借方用来登记减少额。

借方（+）　　　　　　　　　　资产、成本、支出类账户　　　　　　　　　　贷方（-）

借方（-）　　　　　　　　　　负债、所有者权益、收入类账户　　　　　　　　贷方（+）

借方	账户名称（会计科目）		贷方
资产类	+	资产类	−
负债类	−	负债类	+
所有者权益类	−	所有者权益类	+
成本类	+	成本类	−
支出类	+	支出类	−
收入类	−	收入类	+

一个账户的借方总计和贷方总计之间的差额，称为该账户的余额。如果借方总计超过贷方总计，该账户就会出现借方余额；相反，如果贷方总计超过借方总计，该账户就会出现贷方余额。账户的余额与发生额之间的关系可以用公式表示：

期末余额=期初余额+本期增加发生额−本期减少发生额

一般来说，资产、成本、支出类账户：

期末借方余额=期初借方余额+本期借方发生额−本期贷方发生额

负债、所有者权益、收入类账户：

期末贷方余额=期初贷方余额+本期贷方发生额−本期借方发生额

现以"库存现金"和"短期借款"为例。

资产类账户				负债类账户		
借方（+）	库存现金		贷方（−）	借方（−）	短期借款	贷方（+）
期初余额	600				期初余额	20 000
本期收入	5 000	本期支出	5 500	本期还款 15 000	本期借入	12 000
期末余额	100				期末余额	17 000

（三）借贷记账法的记账规则——"有借必有贷，借贷必相等"

采用借贷记账法，每项经济业务都要以相等的金额、相反方向、在两个或两个以上相互联系的账户中进行登记，并且每一项经济业务借、贷双方都平衡，即"借方金额=贷方金额"。

借贷记账法的记账规则

现举例说明借贷记账法的记账规则。

【例2-7】武汉绿洲家电公司9月份发生的部分会计事项如下：

1.出纳开出现金支票从银行提取现金3 000.00元，以备零星开支，见表2-11。

表2-11 账户变动情况表（1）

涉及账户	账户类别	变动情况	借方	贷方
库存现金	资产	增加	3 000.00	
银行存款	资产	减少		3 000.00

借	银行存款	贷	借	库存现金	贷
月初余额 500 000			月初余额	600	
	①	3 000	① 3 000		

2.向银行借入款项300 000.00元，期限6个月，款项已存入银行，见表2-12。

表 2-12 账户变动情况表（2）

涉及账户	账户类别	变动情况	借方	贷方
银行存款	资产	增加	300 000.00	
短期借款	负债	增加		300 000.00

借	短期借款	贷	借	银行存款	贷
	月初余额 20 000		月初余额 500 000		
	② 300 000		② 300 000		

3.生产车间领用 A 材料一批，价值 12 000 元，用于生产产品，见表 2-13。

表 2-13　　　　　　　　　　账户变动情况表（3）

涉及账户	账户类别	变动情况	借方	贷方
原材料	资产	减少		12 000.00
生产成本	成本	增加	12 000.00	

借	原材料——A 材料	贷	借	生产成本	贷
月初余额 300 000			月初余额 5 000		
	③ 12 000		③ 12 000		

4.从希望公司购入 A 材料一批，共 100 000.00 元（暂不考虑税金），以存款支付 70 000.00 元，其余 30 000.00 元尚欠，见表 2-14。

表 2-14　　　　　　　　　　账户变动情况表（4）

涉及账户	账户类别	变动情况	借方	贷方
原材料——A 材料	资产	增加	100 000.00	
银行存款	资产	减少		70 000.00
应付账款——希望公司	负债	增加		30 000.00

借	银行存款	贷
月初余额　500 000		
	④	70 000

借	原材料——A 材料	贷
月初余额　300 000		
④　100 000		

借	应付账款——希望公司	贷
	月初余额　80 000	
	④	30 000

5.收回彩虹公司前欠货款 40 100.00 元，其中 40 000.00 元已存银行，其余 100.00 元收现金，见表 2-15。

表2-15　　　　　　　　　　　　账户变动情况表（5）

涉及账户	账户类别	变动情况	借方	贷方
应收账款——彩虹公司	资产	减少		40 100.00
银行存款	资产	增加	40 000.00	
库存现金	资产	增加	100.00	

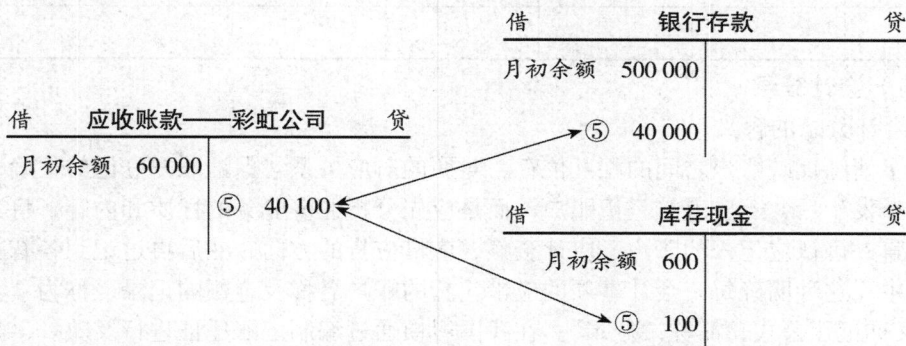

由上例我们可以看到借贷记账法的优点：

（1）账户对应关系清楚，可以清晰地反映各种经济活动的来龙去脉；

（2）账户设置适用性强，可以设置和运用既反映资产又反映负债的双重性质的账户；

（3）依据"有借必有贷，借贷必相等"的记账规则记账，发生额和余额都保持借贷平衡关系，对日常核算记录的汇总和检查十分简单。

（四）借贷记账法的试算平衡

试算平衡是指根据资产与权益（或"资产=负债+所有者权益"）的恒等关系及借贷记账法的记账规则，检查所有账户记录是否正确的一种方法。

依据借贷记账法记账，除了每一项经济业务的"借方金额=贷方金额"外，在一个会计期间内已发生的经济业务全部登记入账后，也会产生一种平衡关系。

本期发生额试算平衡：

全部账户本期借方发生额合计=全部账户本期贷方发生额合计

期末余额试算平衡：

全部账户借方期末余额合计=全部账户贷方期末余额合计

试算平衡通常是通过编制总分类账户试算平衡表进行的，试算平衡表格式见表2-16。在编制试算平衡表时，应保证所有账户的余额均已记入试算平衡表。如有遗漏，就可能会造成期初或期末借方余额合计与贷方余额合计不相等的情况发生。如果试算平衡表借贷不相等，就说明账户记录肯定有错误。如果试算平衡表经过试算是平衡的，也不能说明账户记录就绝对正确，因为有些错误并不会影响借贷双方的平衡关系。例如，漏记、重记某项经济业务，将使本期借贷双方的发生额同时减少或增加，借贷仍然平衡；记错有关账户；某项经济业务在账户记录中，颠倒了记账方向等等。

表2-16 　　　　　　　　　　　　　**试算平衡表**

202×年×月×日

总账科目	期初余额		本期发生额		期末余额	
	借方	贷方	借方	贷方	借方	贷方
合计						

（五）会计分录

1.会计分录的含义

为了清晰反映账户之间的相互依存、对照的对应关系，保证账户登记的正确性，在会计事项发生后，不应直接登记账户，而是应先分析经济业务的性质和内容，将其转成会计语言，确认应记入的账户、应计金额、应借应贷的方向，然后再过记到各有关分类账账户中。这种明确每一会计事项的应借应贷的账户名称及金额的记录，称为"会计分录"，又称记账公式，简称"分录"。在我国习惯通过编制记账凭证进行反映。

会计分录的三要素：记账方向（借和贷）、账户名称（会计科目）、记账金额。

2.会计分录的编制方式

一般编制会计分录时，首先要分析经济业务涉及哪些账户及这些账户的性质；然后判断该账户的增减变动情况；最后按照规定的格式来写出会计分录。这里始终要注意的是，一定要遵循"有借必有贷，借贷必相等"的记账规则来进行。

会计分录

【例2-8】根据【例2-7】中的经济业务编制会计分录。

1. 借：库存现金　　　　　　　　　　　　3 000.00
　　　贷：银行存款　　　　　　　　　　　　　　3 000.00
2. 借：银行存款　　　　　　　　　　　300 000 .00
　　　贷：短期借款　　　　　　　　　　　　　300 000.00
3. 借：生产成本　　　　　　　　　　　　12 000 .00
　　　贷：原材料——A材料　　　　　　　　　12 000.00
4. 借：原材料——A材料　　　　　　　　100 000.00
　　　贷：银行存款　　　　　　　　　　　　　70 000.00
　　　　应付账款——希望公司　　　　　　　30 000.00
5. 借：银行存款　　　　　　　　　　　　40 000.00
　　　库存现金　　　　　　　　　　　　　　100.00
　　　贷：应收账款——彩虹公司　　　　　　40 100.00

会计事项1、2、3的分录为简单分录，会计事项4、5的分录为复合分录。简单分录的科目对应关系是一借一贷；而复合分录可以一借多贷，或一贷多借，或多借多贷。但是对初学者来说，最好不用多借多贷，因为账户对应关系容易混乱。

做一做2-3

试根据【例2-3】、【例2-4】、【例2-5】、【例2-6】编制会计分录。

知识拓展

复合分录的拆分

复合分录可以拆分成若干笔简单会计分录，如【例2-8】会计事项4就可以编制成2个简单的会计分录：

借：原材料——A材料	70 000.00	
贷：银行存款		70 000.00
借：原材料——A材料	30 000.00	
贷：应付账款——希望公司		30 000.00

做一做2-4

试着将【例2-8】会计事项5拆分成简单的会计分录。

项目小结

会计假设包括会计主体、持续经营、会计期间、货币计量四个方面；企业会计记账基础是权责发生制；会计核算方法有设置会计科目和账户、复式记账、填制和审核凭证、登记会计账簿、成本计算、财产清查、编制会计报表7种。

会计要素包括资产、负债、所有者权益、收入、费用、利润；会计等式分为静态、动态和扩展等式；会计科目按经济内容的性质和特点不同，可分为资产、负债、所有者权益、共同、成本和损益类；按级次分为总分类科目和明细分类科目；账户是科目的实体。

复式记账法，是对于每一会计事项所引起的资金增减变化都以相等的金额同时在两个或两个以上相互联系的账户中进行登记的一种方法；我国现在使用的复式记账法是借贷记账法，以"资产＝权益"的平衡关系为基础，以"借""贷"作为记账符号，以"有借必有贷，借贷必相等"作为记账规则，通常以会计分录进行反映。

项目训练

一、判断题

1.目前，我国行政事业单位财务会计核算实行权责发生制，行政事业单位预算会计实行收付实现制，国务院另有规定的，依照其规定。　　　　　　　　　（　　）

2.我国的会计核算必须以人民币为记账本位币。　　　　　　　　　　　（　　）

3.持续经营确定了会计假设的空间范围。 （　　）

4.资产、负债、所有者权益为静态要素。 （　　）

5.复式记账法，对于每一会计事项登记多次，太复杂，企业一般不用。 （　　）

二、单项选择题

1.（　　）不属于会计核算方法。

A.设置会计账户　　　　　　　　　B.编制会计报表

C.材料采购　　　　　　　　　　　D.复式记账

2.一个企业的资产总额和权益总额（　　）。

A.必然相等　　　　　　　　　　　B.有时相等

C.只有在期末相等　　　　　　　　D.不会相等

3.（　　）是不正确的经济类型。

A.一项资产增加，一项所有者权益减少

B.资产与负债同时增加

C.一项负债减少，一项所有者权益增加

D.资产与所有者权益同时增加

4.（　　）属于资产类账户。

A."应付职工薪酬"账户　　　　　　B."实收资本"账户

C."库存现金"账户　　　　　　　　D."主营业务收入"账户

5.（　　）属于负债类账户。

A."应收账款"账户　　　　　　　　B."预收账款"账户

C."原材料"账户　　　　　　　　　D."预付账款"账户

三、实训题

1.根据表2-17的资料判断各项目分别属于哪一种会计要素，在表中相应位置打上"√"。

表2-17　　　　　　　　　　　　　　判断会计要素

序号	项　　目	资产	负债	所有者权益	收入	费用	利润
1	支付的广告费						
2	向银行借入为期9个月的借款						
3	出纳员保管的现金						
4	本月未分配利润						
5	欠甲企业尚未支付的货款						
6	库存未用的材料						
7	企业接受的捐款						
8	收到外单位交来的定金						
9	企业拥有的国家投入的资本						
10	销售产品取得的收入						

2.请在表2-18中写出经济事项所对应的会计科目的名称。

表2-18   判断会计科目

序号	经济业务事项	会计科目
例	企业购进的材料还未入库	在途物资
1	企业的机器设备	
2	企业的商标	
3	企业仓库里的材料	
4	企业从银行借入为期半年的借款	
5	企业应付的银行借款的利息	
6	企业支付的广告宣传费	
7	企业生产完工放入仓库的产品	
8	企业采购员出差报销的差旅费	
9	企业购入材料尚未支付的货款	
10	企业销售产品尚未收回的货款	

3.请根据以下资料编制会计分录，所有经济业务不考虑增值税。

（1）以现金支付广告费5 800.00元。

（2）企业开出现金支票提取现金90 000.00元，备发工资。

（3）企业购买材料一批，价款70 000.00元，款未付，材料已验收入库。

（4）企业为管理部门购买办公用品800.00元，以现金支付。

（5）以现金支付工资80 000.00元。

（6）接到银行的收款通知，德诚集团前欠货款660 000.00元已存入银行账户。

（7）采购员王虎因出差，预支差旅费现金8 500.00元。

（8）企业购入生产机器一台，价款180 000.00元，以银行存款支付。

项目评价

内容		评价		
	评价项目	3	2	1
理论部分	了解会计核算的基本假设			
	熟悉会计要素、会计科目的分类			
	认识会计等式			
	认识账户和复式记账			
	熟悉借贷记账法的特点、账户结构和记账规则			

内容		评价		
评价项目		3	2	1
实训部分	熟练说出常用的会计科目			
	正确编制会计分录			
	熟练说出会计要素的组成			
素养部分	在分析复杂问题时，先进行科学假设，再分析问题的解决路径，探索出更合理的解决方法			
	学习会计核算方法，懂得用科学的方法指导实践，才能事半功倍			
	能够制定中长期学习目标，并将其拆解成可以落地实施的小目标			
	学习会计等式，学生对要素守恒关系进行哲学思考，即"付出=收获"，并将其运用到日常学习生活中			
	在处理问题时能够全面、系统地分析，即任何事件的发生，其影响都不是单方面的，而是有两个或两个以上方面的"复式影响"			
综合评价				

等级说明：

3——能高质、高效地完成此学习目标的全部内容，并能解决遇到的特殊问题

2——能高质、高效地完成此学习目标的全部内容

1——能圆满完成此学习目标的全部内容，不需要任何帮助和指导

评价说明：

优秀——达到3级水平

良好——达到2级水平

合格——全部任务都达到1级水平

不合格——不能达到1级水平

制作会计凭证

知识目标:

1. 了解原始凭证、记账凭证的概念和分类。

2. 理解会计凭证对会计信息搜集、加工和整理的意义。

3. 理解会计凭证传递对于完善和加强内部控制的重要意义。

能力目标:

1. 会根据经济业务制作各类会计凭证。

2. 会正确审核各类会计凭证。

3. 能正确处理常见的报销业务。

素养目标:

1. "道德是最基本的会计学原理",会计造假将会否定会计存在的价值。会计做账要以真实发生的业务为依据,培养学生注重凭据的专业意识。

2. 通过认识和处理原始凭证,培养学生提取并分析处理会计信息的能力。

3. 通过填制并审核记账凭证,培养学生全面、准确处理问题的能力,养成细心,谨慎的专业素养。

4. 通过报销业务的处理,培养学生的规则意识,报销事宜需遵守国家、企业的相关规定,不得越权、越规处理。

5. 通过会计凭证的传递和保管,增强学生对会计档案保管岗位的认同感,认识档案保管的重要性。

情境导入

小明急匆匆跑进家门,举起手中的醋喊道:"妈妈,最好的醋给你买回来啦!"

"啊，你真能干！多少钱买的？""17.50元，给你钱和小票，咦，小票呢？""你个'熊孩子'，小票又搞哪儿去啦……"小明望着嘴里说个不停的妈妈，很不解地想：零钱都找回来了，就是小票不知道放哪里了嘛，一张小票真的有这么重要吗？

任务一　　　　　　　　　　认识原始凭证

有人说，财会人员"足不出户却知天下事"，理由是财会人员基本不接触一线的任何业务，但最后几乎没有业务是他们不知道的，莫非财会人员天生具备特异功能？非也，非也！答案就在原始凭证中！

任务描述

原始凭证是企业日常经济业务中最直接、最初始的证明，财会人员就是通过各种原始凭证才"火眼金睛""知天下"的。财会人员根据原始凭证了解各类经济业务，它是会计核算的原始依据和起点。

任务分析

对一个财会人员来说，处理原始凭证是必备的一项重要技能。在获取各种原始凭证后，及时整理分析，经过审核后传递到下一环节，是财会人员的重要工作。

知识准备

原始凭证也叫原始单据，是经济业务发生时所取得的最初书面证明，也是会计做账的主要依据，因此，会计应当及时收集齐全与经济业务相关的原始凭证。

实际工作中，原始凭证大部分不是会计填制的，比如与采购、销售相关的原始凭证主要由出纳、采购和销售等部门的人员填写后再交给会计，因此准确填制相关原始凭证对于营销专业的学生而言，重要性就不言而喻了！

任务实施

一、会计凭证的基本知识

1.会计凭证的概念

会计凭证是具有一定格式，用以记录经济业务的发生和完成情况，明确经济责任的书面证明，是登记账簿的依据。

填制和审核会计凭证是会计核算的基本方法之一，任何单位对于发生的每一笔经济业务，都必须首先填制或取得凭证，并经审核无误后，才能作为记账的依据。

例如：在购买材料或商品时，应由供货单位开出销售发票，列明该项经济业务的内容，并由供货方的业务人员签名盖章，以明确经济责任。该发票即为会计凭证。

想一想3-1

"熊孩子"小明丢失的购物小票，是购买商品的证明，属于会计凭证吗？

小知识3-1

会计凭证的作用

合理取得、正确填制和审核会计凭证，在会计核算中具有极其重要的作用：

（1）反映经济业务，提供记账依据：通过填制会计凭证，可以正确反映经济业务的发生和完成情况，保证会计信息的真实、可靠和及时；还可以为登记账簿提供依据。

（2）明确经济责任，强化内部控制：会计凭证上必须有相关部门和有关人员签章，从而明确了有关部门和人员的责任，这也必然会增强经办人员和相关人员的责任感，强化企业内部控制，同时也有利于以后发现问题时，及时查明责任归属。

（3）监督经济活动，控制经济运行：通过审核会计凭证，可以检查各项经济业务是否符合有关法律法规和制度的规定，是否符合计划、预算，是否存在违法乱纪等行为，及时进行事中控制，提高会计信息质量，改善经营管理，提高经济效益。

资料来源　会计从业资格考试辅导教材编写组.会计基础［M］.5版.北京：清华大学出版社，2014.

2.会计凭证的种类

会计凭证格式、大小、繁简各不相同，按照不同的标准分类，我们可将会计凭证分为原始凭证和记账凭证两大类。会计凭证的具体分类如图3-1所示。

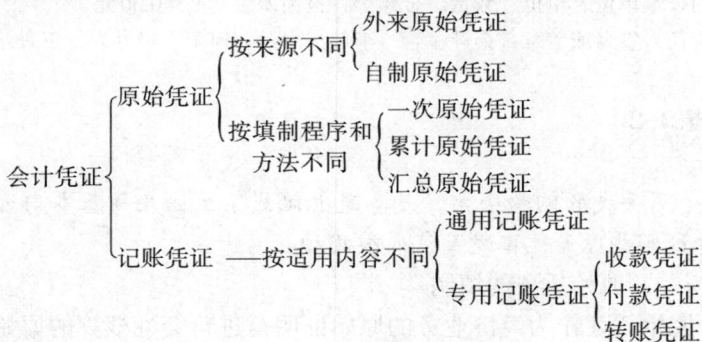

图3-1　会计凭证的分类

二、原始凭证的填制与审核

（一）原始凭证的基本要素

原始凭证是企事业单位在经济业务发生或完成时取得或填制的，是进行会计核算、具有法律效力的原始书面证明文件。

企业业务的多样性和复杂性，使之取得或填制的原始凭证种类繁多，来源广泛，格式各异。但是，任何一张原始凭证都必须同时具备一些相同的内容，这些被称为原始凭证的基本内容或基本要素。原始凭证所包含的基本内容，见表3-1。

表3-1　　　　　　　　　　　　差旅费报销单（代支出凭单）①　　　　　　　　No. 0389765

附件：8张　　　　　　　　　　　　2024年4月1日 ②

出差人	王丹③	共1人	职务		部门	采购部	审批人	肖露
出差事由	参加"全国商业订货会"			出差日期	自2024年3月24日至2024年3月30日，共7天 ④			
到达地点	西安							

项目金额	交通工具				其他	住宿费	伙食补贴
	火车	汽车	轮船	飞机		住宿5天	在途2天
	540.00				160.00	500.00	160.00

总计人民币（大写）壹仟叁佰陆拾元整		¥1 360.00 ⑤

原借款金额	报销金额	交结余金额或超支金额	¥40.00（结余）
1 400.00	1 360.00	人民币（大写）肆拾元整	

会计主管　李健　　会计	出纳　何阳	经办人　王丹 ⑥

表中：

①为原始凭证的名称及编号：如差旅费报销单，No. 0389765。

②填制凭证的日期：2024年4月1日。

③接受原始凭证的单位或个人姓名：王丹。

④经济业务的内容：报销差旅费。

⑤经济业务的计量单位、单价、数量、金额等：报销差旅费1 360.00元。

⑥经办人或责任人签名或盖章：会计主管　李健　出纳　何阳　经办人　王丹。

想一想3-2

"熊孩子"小明丢失的购物小票，是不是也记载了上述几项基本内容？在日常生活中，我们还接触过哪些原始凭证呢？试列举几种。

原始凭证的
填制要求

（二）原始凭证的填制

原始凭证作为经济业务的原始证明是进行会计核算的原始资料和重要依据，也是有效提供会计信息的基础，填制必须符合下列基本要求（见表3-2）。

（三）原始凭证的审核

原始凭证必须经过会计主管或指定人员严格认真的逐项审查核实后，方能作为制作记账凭证和登记账簿的依据。

表3-2	原始凭证的填制要求
真实可靠	原始凭证上填制的表示经济业务发生或完成的日期、内容必须与实际情况完全相符
填制及时	原始凭证必须在经济业务发生或完成的当时、当地及时填制或及时取得，并按照规定程序传递、审核，以便据以填制记账凭证
内容完整	必须按规定将基本要素逐项填写齐全，不得遗漏或省略，有关经办单位和人员必须按要求认真签章，做到责任明确，各负其责
填写清楚	字迹端正、易于辨认、文字工整，不草不乱不造字；业务的内容应简明扼要；业务数量、单价和金额要按规定填写；金额数字不得连写，空白金额行应加斜线注销，合计金额前加写人民币符号"¥"；大小写数字规范，金额保持一致
顺序使用	收付款或实物凭证要顺序或分类编号，在填制时按编号的次序使用，跳号的凭证加盖"作废"戳记，不得撕毁

1.原始凭证审核的要求

原始凭证审核的要求如图3-2所示。

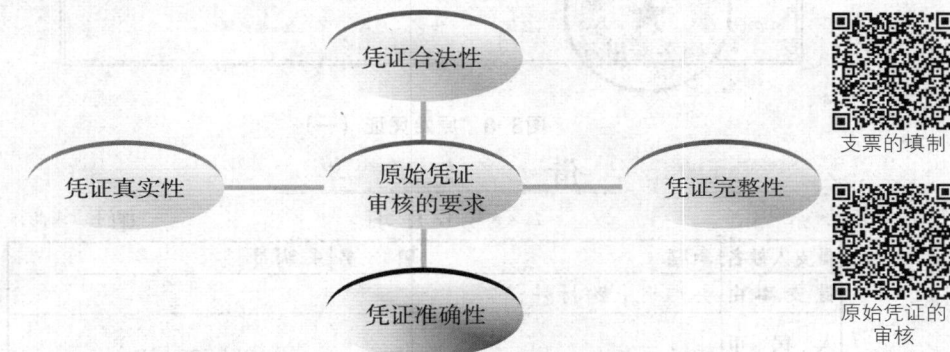

图3-2　原始凭证审核的要求

2.原始凭证审核的内容

原始凭证审核的内容见表3-3。

表3-3	原始凭证审核的内容
审核凭证内容	原始凭证的名称
	原始凭证的填制日期
	原始凭证的填制单位名称、填制人员姓名
	经办人签章
	接受凭证单位名称
	经济业务内容：数量、单价和金额
审核凭证签章	从外单位取得的，必须有填制单位公章和填制人员姓名
	自制凭证，必须有经办部门领导或指定人员签章
	对外开出的，必须加盖本单位的财务公章
审核凭证金额	凡需填写大小写金额的，大写和小写金额必须相等
	凡购买实物的，必须有验收证明
	凡支付款项的，必须有收款单位和收款人的收款证明
审核凭证各联	一式几联的，必须注明各联用途，而且只能有一联做报销凭证
	一式几联的，必须双面复写，并连续编号

请按照原始凭证审核的要求，审核原始凭证（如图3-3和图3-4所示）。

湖北省襄阳市统一收款收据　　NO. 67152315

记账联　　　　　20××年 12月 5日

今收到		交来	投资款
人民币 叁拾万元整			￥300000 转账收讫
系 位		投入资本款	
单位 襄阳泰铭实业有限公司 财务专用章 ★		会计：张波　出纳：陈露　交款：李根群	

③开票方记账原始凭证

图3-3　原始凭证（一）

借　支　单

20××年 12月3日　　　　　　部门：采购部

借支人姓名	李强		职 务	采购员
借支事由	去广州采购材料			
人民币（大写）	伍仟元整		￥5500.00 现金付讫	
核准	陈钟	会计 宋涛	出纳 陈露	借支人 李强

图3-4　原始凭证（二）

实训一　销售业务中发票与收款原始凭证的处理

实训目的：

1. 理解原始凭证的含义。

2. 制作与审核销售业务常用的原始凭证。

实训重难点：

1. 填制销售业务常用的原始凭证。

2. 审核外来原始凭证。

实训内容：

1. 2024年4月21日，武汉市长江贸易公司向武汉工贸商店销售电话机40部，单价290.00元，总金额11 600.00元，增值税税款1 508.00元，价税合计共13 108.00元。（开票人为王清，销售单中为不含税价格，增值税税率为13%）

2. 2024年4月22日，武汉市长江贸易公司收到随州永乐商厦通过电汇形式支付的上个月25日的购货款85 000.00元，已收妥。

实训指导:

一、填制增值税专用发票（见表3-4）

表3-4
1100151140

湖北增值税专用发票 No 68297194 1100151140 68297194 ①

机器编号: 982888812388 ② 此联不作报销、扣款凭证使用

开票日期: 2024 年 04 月 21 日

| 购买方 | 名　　　称: 武汉工贸商店
纳税人识别号: 357025863387654898
地址、电话: 武汉市汉阳大道 643 号 027-84389160
开户行及账号: 工行汉阳支行 32557872211 | 密码区 | 172312-4-275<1+46*54*82*59*
181321><8182*59*09618153</
<4<3*2702-9>9*+153</0>2-3
08/4>*>>2-3*0/9/>>25-275<1 |

货物或应税劳务、服务名称	规格型号	单位	数量	单价	金额	税率	税额
③　电话机		部	40	290.00	11 600.00	13%	1 508.00 ④
合　计					¥11 600.00		¥1 508.00

价税合计（大写）　⊗壹万叁仟壹佰零捌元整　（小写）¥13 108.00

| 销售方 | 名　　　称: 武汉市长江贸易公司
纳税人识别号: 514293862387654821
地址、电话: 武汉市江岸区人民路 1 号 027-84335159
开户行及账号: 工行天安支行 40586123768 | 备注 | 检验码 52118028170824815199
514293862387654821 ⑥ |

收款人: 肖丽江 ⑤　　　复核: 陈明　　　开票人: 王清　　　销售方:（章）

第一联 记账联 销售方记账凭证

表中:

① 填写开票日期: 2024 年 4 月 21 日。

② 填写接受凭证单位信息: 武汉工贸商店等。

③ 填写货物或应税劳务、服务名称: 电话机。

④ 填写经济业务数量、单价和金额等: 数量 40 部, 单价 290.00 元, 金额 11 600.00 元, 税款 1 508.00 元, 价税合计 13 108.00 元。

⑤ 填写销货单位信息: 武汉市长江贸易公司等。

⑥ 开票人姓名（王清）、开票单位公章等。

二、审核外来销售收款原始凭证（见表3-5）

表3-5

工商银行　信汇凭证（收账通知或取款收据）　4　第　　号

委托日期　2024　年　4 月 22 日 ① 应解汇款编号

| 汇款人 | 全　称: 随州永乐商厦 ②
账号: 2879643521
汇出地点: 湖北 省 随州 市/县 | 收款人 | 全　称: 武汉市长江贸易公司 ③
账号: 40586123768
汇入地点: 湖北 省 武汉 市/县 |
| | 汇出行名称: 中国工商银行随州支行 | | 汇入行名称: 中国工商银行天安支行 |

| 金额 | 人民币
（大写）④　捌万伍仟零佰零拾零元整 | 亿 千 百 十 万 千 百 十 元 角 分
¥ 8 5 0 0 0 0 0 0 |

汇款用途: 如需加急, 请在括号内注明（ ）　支付密码

⑥ 转讫　汇出行签章

附加信息及用途: 支付上月 25 日购货款 ⑤

复核:　　　记账: 邓玲

此联是给收款单位的收账通知或代取款收据

表中：

①原始凭证日期：2024年4月22日。

②汇款人基本信息：单位全称、账号，汇出地点，汇出行名称。

③收款人信息：本单位全称、账号，汇入地点，汇入行名称。

④金额大小写。

⑤款项用途。

⑥相关人员签名及盖章。

知识拓展

原始凭证审核结果的处理

根据《会计基础工作规范》的规定，原始凭证不得涂改、挖补。发现原始凭证有错误的，应由开具单位重开或者更正，更正处应加盖开具单位公章，金额有误的原始凭证，必须由原出具单位重开。对于审核结果，应根据《会计法》的相关规定区别不同情况予以处理：

1.会计机构、会计人员要根据审核无误的原始凭证填制记账凭证；对于审核后符合要求的原始凭证，应及时据以编制记账凭证入账。

2.对于不真实、不合法的原始凭证，会计人员有权不予受理，并向单位负责人报告。

3.对于不准确、不完整的原始凭证，应退回给有关业务单位或个人，并由其负责更正错误或重开。

注意：金额错误的原始凭证只能重开！

任务二　　认识记账凭证

企业千差万别、式样众多的原始凭证所记载的业务内容是五花八门的，财会人员是如何在短时间内将这些数据归集到报表中的呢？其实财会人员也没有三头六臂，他们只是首先将各种原始凭证归类整理填制成记账凭证而已。

任务描述

记账凭证是会计信息最重要的载体之一，是财会人员将原始凭证所记载的信息转化为会计信息的关键所在。记账凭证的正确与否直接关系着会计信息质量的好坏。

任务分析

记账凭证是财会人员根据审核无误的原始凭证填制的会计凭证，财会人员对记账凭证的处理主要是从填制和审核两方面入手。实务中，填制记账凭证是财会人员最主要的工作内容之一。

由于原始凭证不能直接体现会计要素的走向，不能完全满足会计核算的需要，因而难以直接据以登记账簿，为此，必须在审核无误的基础上，对原始凭证加以归类整理，制作成记账凭证后，再进行会计账簿的登记。

原始凭证是记账凭证的重要附件和依据，由于两种凭证之间存在着依存和制约的关系，填制记账凭证有利于防止和减少差错的发生，保证账簿记录的准确性。

任务实施

一、记账凭证的内容

1.记账凭证的概念

在会计实务中，记账凭证也叫"传票"，是由企业财会部门根据已经审核的原始凭证填制的，载有会计分录的书面文件。

按照有关法规及会计核算的要求，财会人员必须对原始凭证或原始凭证汇总表上所记载的经济业务内容进行整理归类，确定会计分录（即经济业务所涉及的账户名称、记账方向以及应记载的金额）并填制到记账凭证中，并据以登记会计账簿。

两类会计凭证的区别，见表3-6。

表3-6 两类会计凭证的区别

区别	记账凭证	原始凭证
填制人员不同	一律由本单位的会计人员填制	大多是由经办人员填制（不一定是会计人员）
填制依据不同	一般根据审核后的原始凭证填制	根据已经发生或完成的经济业务填制
填制方式不同	要依据会计科目对已经发生的经济业务进行归类、整理	仅用以记录、证明业务发生或完成，是经济业务发生时的原始证明
发挥作用不同	登记会计账簿的依据	填制记账凭证和登记明细账的依据

2.记账凭证的内容

记账凭证虽种类不同，但都是通过对原始凭证进行归类整理，按复式记账的要求来确定会计分录并据以登记账簿的一种会计凭证，所以不论是哪种记账凭证，都必须具备以下基本内容，通常也称为记账凭证的基本要素，见表3-7。

表3-7

付 款 凭 证①

贷方科目：　　　　　　　年　　月　　日②　　　　　　　　　字第　　号③

摘　要④	借方科目⑤		金　额⑥										√⑦
	总账科目	明细科目	千	百	十	万	千	百	十	元	角	分	
合　计													

附单据　张⑧

会计主管　　　记账　　　复核　　　出纳　　　制单⑨

表中：

①为记账凭证名称，如付款凭证。

②填制凭证的日期，通常以年、月、日表示。

③记账凭证的顺序编号，一般按月编排、统一编号，如付字第8号。

④经济业务摘要，即经济业务的主要内容，对不同的业务，摘要文字应有不同表述。

⑤经济业务所涉及的会计科目，包括对应的总账科目和明细科目。

⑥经济业务所涉及的金额，按借贷记账法，每一经济业务发生时，借方金额与贷方金额永远是相等的。

⑦记账标记，如"√"。

⑧记账凭证所附原始凭证的张数。

⑨有关责任人的签名或盖章，如为收（付）款凭证，则必须有出纳的签名或盖章。

 **想一想**3-3

收款凭证上所记载的基本内容与付款凭证会有哪些不同？

 **小提示**3-1

尽管记账凭证上记载的内容较多，但其核心内容是会计分录，即会计科目、记账方向和记账金额，所以一定要弄清楚记账凭证和会计分录之间的关系。

二、记账凭证的填制要点

填制记账凭证是一项重要的会计工作，填制错误不仅会影响账簿的登记，而且还会影响到经费的开支、费用的汇集、成本的计算和会计报表的编制，同时更正错误也需要花费财会人员大量的时间和精力。记账凭证填制要点如图3-5所示。

1.审核填制依据

对经济业务发生后取得或填制的原始凭证进行认真严格的检查审核，经确认其内容真实、准确无误后，方可作为记账凭证的填制依据。

2.确定记账凭证类型

财会人员在接到经过审核的原始凭证后，应根据经济业务的性质确定使用何种记账凭证来记录经济业务。

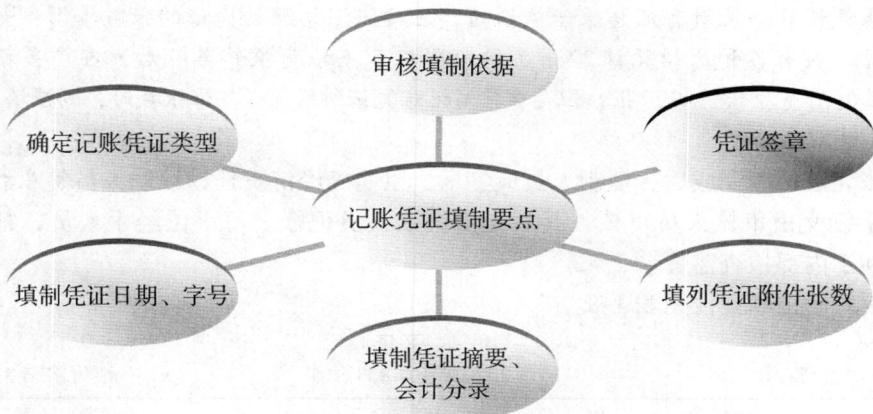

图3-5　记账凭证填制要点

小提示3-2

一般规模较大、款项收付业务较多的大中型企业，通常采用专用记账凭证（收、付、转）来记录交易事项；反之，如果是规模较小、款项收付业务较少的单位，则可以采用通用记账凭证来记录交易、事项。

3.填制凭证日期、字号

填制日期一般为填制记账凭证的当天，也可根据管理需要，填写业务发生时的日期或月末日期。

记账凭证必须按月、按自然数（1，2，3，…）连续编号，以便于记账查账，防止散落丢失。一张记账凭证编一个号，不得跳号、重号。如果一项业务需要填制2张或2张以上记账凭证时，可以采用"分数编号法"，如第30号凭证需填3张凭证，其中第1张凭证可以用"转字第$30\frac{1}{3}$号"表示。

4.填制凭证摘要、会计分录

摘要一般要求真实准确、简明扼要、详略得当，没有统一格式。摘要填写完毕即可根据原始凭证依次填写会计分录的科目、记账方向和金额。

5.填写凭证附件张数

记账凭证后面应注明所附原始凭证的张数，并将原始凭证整理后附在该记账凭证后面，表明一项经济业务发生后所涉及、填制的全部凭证。

除结账和更正错误的记账凭证可以不附原始凭证外，其他记账凭证后都必须附有原始凭证。

记账凭证后如果附有汇总原始凭证的，应按照汇总原始凭证的张数填写：如职工报销差旅费，共有各种原始凭证22张，均应附在"差旅费报销单"后，在"差旅费报销单"上填写附有原始凭证22张，但是在填写记账凭证所附原始凭证张数时，则应填写1张。

6.凭证签章

记账凭证填制完成后，填制人员应签章，以明确经济责任，填制人员签章后，应按照规定手续交由审核人员审核，其后交由记账人员记账。每一位经手人员，都必须签章，以利于内部检查监督。

填制好的记账凭证见表3-8。

表3-8

付 款 凭 证

贷方科目：银行存款　　　　　　　　　　2024年4月8日　　　　　　　　　　银付字第3号

摘　要	借方科目		金　额										√
	总账科目	明细科目	千	百	十	万	千	百	十	元	角	分	
偿还前欠A公司账款	应付账款	A公司			1	1	7	0	0	0	0	0	附单据1张
合　计				¥	1	1	7	0	0	0	0	0	

会计主管　李健　　　　记账　陈芳　　　　复核　宋阳　　　　出纳　何阳　　　　制单　肖丹

三、记账凭证的审核

记账凭证的审核，是指对已填制好的记账凭证的内容是否符合相关会计法律制度的规定及要求，是否存在弄虚作假等问题进行检查，只有审核无误的记账凭证才能作为登记账簿的直接依据。记账凭证审核的主要内容见表3-9。

表3-9　　　　　　　　　　　　　　　　记账凭证审核的主要内容

内容是否真实	记账凭证后是否附有原始凭证，所附原始凭证的内容是否与记账凭证内容一致
科目是否正确	记账凭证的应借、应贷科目是否正确，账户对应关系是否清楚
金额是否一致	记账凭证所记的金额与原始凭证有关金额是否一致
项目是否齐全	记账凭证各项填写是否齐全：日期、凭证字号、摘要、会计科目、金额、所附原始凭证张数及有关人员签章等
书写是否规范	文字是否工整，数字是否清晰，是否按规定使用蓝黑墨水，是否存在涂改现象等

小提示 3-4

在审核过程中，如果发现错误，应查明原因，及时处理和更正。

单独进行记账凭证的审核，一般不能发现某些隐蔽问题，因此，记账凭证的审核往往是与原始凭证及会计账簿的审核联系在一起进行的。

记账凭证的
填制和审核

做一做 3-2

请根据表3-1"差旅费报销单"写出相应会计分录，并自制一张收款收据。

实训二 差旅费报销单的处理

实训目的：

1. 理解各类记账凭证的区别。

2. 根据差旅费报销单制作相应的记账凭证。

实训重难点：

1. 自制差旅费报销单的记账凭证。

2. 审核记账凭证。

实训内容：

1. 资料见表3-1"差旅费报销单"，由会计肖丹制作王丹报销差旅费的记账凭证。

2. 审核人员审核上述记账凭证。

实训指导：

一、根据"差旅费报销单"制作转账凭证，见表3-10；根据"收款收据"（略）制作收款凭证，见表3-11。

表3-10

转账凭证

2024年4月6日　　　　　　　　　　　　　　　　　　　转字第12号

摘要	总账科目	明细科目	借方金额								贷方金额								√
			十	万	千	百	十	元	角	分	十	万	千	百	十	元	角	分	
报销差旅费	管理费用	差旅费			1	3	6	0	0	0									
	其他应收款	王丹											1	3	6	0	0	0	
合　计					¥	1	3	6	0	0	0		¥	1	3	6	0	0	0

会计主管　　　　　　记账　　　　　　复核　　　　　制单　肖丹

附单据1张

表3-11

收款凭证

借方科目：库存现金 | 2024年4月6日 | 现收字第3号

摘　要	贷方科目		金　额										√
	总账科目	明细科目	千	百	十	万	千	百	十	元	角	分	
收回多余差旅费	其他应收款	王丹						4	0	0	0		附单据1张
合　计							¥	4	0	0	0		

会计主管　　　　记账　　　　复核　　　　出纳　　　　制单 肖丹

二、审核记账凭证

（1）审核人员宋阳按照表3-9的要点，逐项审核上述两张记账凭证。

（2）出纳何阳审核表3-11收款凭证。

知识拓展

两类特殊业务的处理

对于现金和银行存款之间的相互划转业务，为了避免重复记账，一般都只编付款凭证：如从银行提取现金，只填制一张"银行付款凭证"；同样道理，将现金存入银行时，只填制一张"现金付款凭证"即可。

收款凭证、付款凭证是登记库存现金日记账、银行存款日记账的依据，对于这两类特殊业务所编制的收付款凭证，应据以同时登记库存现金日记账和银行存款日记账。

任务三　　熟悉凭证的书写、传递与保管

财会人员每个月都要取得或制作大量的会计凭证，每个月累积下来就成了一座座的凭证"小山"。会计凭证是重要的会计核算资料，会计凭证的书写质量和传递、保管情况，对会计核算的质量和会计核算工作的连续性都有直接影响。

任务描述

会计凭证作为经济业务的主要证明，是进行会计核算工作的原始资料和重要依据，也是有效提供会计信息资料的基础，其书写必须符合相关规定，传递程序科学合理，且按规定妥善保管。

任务分析

财会人员制作会计凭证时，除了按填制要求规范填制外，书写正确也是必须要注重的内容之一，正确制作会计凭证后，还要按照规定，科学合理地传递并保管凭证。

知识准备

正确规范书写各类会计凭证、合理组织会计凭证的传递，可以使经济业务得到及时的处理，有利于明确各有关部门的经济责任，以充分发挥会计的监督作用；同时为防止资料散失，我们必须将各类凭证按要求装订成册，并按规定的期限妥善保管。

任务实施

一、会计凭证的书写

（一）阿拉伯数字的书写要求

阿拉伯数字应当一个一个地写，不得连笔书写，特别在要连着写几个"0"时，一定要单个地写，不能将几个"0"连在一起一笔完成。数字排列要整齐，数字之间的空隙应均匀，不宜过大。此外，阿拉伯数字的书写还有高度标准，一般要求数字的高度占凭证横格高度的1/2为宜，书写时还应注意紧靠横格底部，使上方能留出一定的空位，以便在需要更正时可以再次书写。

（二）货币符号的书写要求

阿拉伯金额数字前面应当书写货币符号或货币名称简写。货币符号与阿拉伯数字之间不得留有空白，凡阿拉伯数字前写有货币符号的，数字后面不再写货币单位，所有以元为单位的阿拉伯金额数字，除表示单价等情况外，一律填写到角分，无角分的角位和分位可写"00"或符号"—"。

（三）汉字大写的书写要求

1.大写数字的书写

零、壹、贰、叁、肆、伍、陆、柒、捌、玖、拾、佰、仟、万、亿等，一律用正楷或行书体书写，不得用另（〇）、一、二、三、四、五、六、七、八、九、十等代替，更不得自造简化字。

大写金额写到元或角为止的，在"元"或"角"字之后应当写"整"字；大写金额数字有"分"的，后面不用写"整"字。

2.货币名称的简写

金额数字前未印有货币名称的，应加填货币名称，货币名称与金额数字之间不得留有空白，在需要大写金额数字的原始凭证上，如果有关货币名称事前未能印好，在填写大写金额数字时，应加填有关货币名称，然后在其后紧接着写大写金额数字。

例如：¥186 587.00，应写成：人民币壹拾捌万陆仟伍佰捌拾柒元整。

3."零"字的书写

阿拉伯金额数字中间有"0"时，汉字大写金额数字要写"零"；阿拉伯数字金额中间连续几个"0"时，汉字大写金额数字中可以只写一个"零"；阿拉伯金额数字元位是"0"角位不是"0"，或者数字之间中间连续几个"0"且元位也是"0"但角位不是"0"时，汉字大写金额数字中可以只写一个"零"，也可以不写。

例如：¥1 250.68，应写成人民币壹仟贰佰伍拾元陆角捌分。

¥98 000.12，应写成人民币玖万捌仟元壹角贰分或人民币玖万捌仟元零壹角贰分。

小提示3-5

为防止变造银行票据及结算凭证的出票日期，在填写一些票据日期的月、日时，有一些特别的规定：

月为壹、贰、壹拾的，日为壹至玖和壹拾、贰拾和叁拾的，应在其前加"零"。如"2013年10月20日"应写成"贰零壹叁年零壹拾月零贰拾日"。

票据出票日期使用阿拉伯数字填写的，银行不予受理；日期大写数字未按规范填写的，银行可以受理，但因此造成损失的，由出票人自行承担。

做一做3-3

请写出下列金额和日期的汉字大写。

¥1 298 069.80

$20 000.13

2019-06-30

二、会计凭证的传递

会计凭证的传递，是指从会计凭证的填制或取得起，经过审核、记账、装订到归档保管为止，在有关部门和人员之间按规定的时间、路线办理业务手续和处理的过程。

各单位根据自身经济业务特点、单位组织设置、人员分工的情况以及经营管理的需要，规定会计凭证的办理手续和传递流程，制定会计凭证在各经办环节的停留时间。传递时应注意以下三个问题：

1.传递线路

设定的传递线路既要保证会计凭证经过必要的处理和审核环节，又要避免程序繁琐重复，要有利于会计凭证处理和审核，提高工作效率。

2.传递时间

应明确规定会计凭证在各个部门和环节停留的最长时间，一切会计凭证的传递和处理，都应在报告期内完成，不容许跨期，以免影响会计核算的正确性和及时性。

3.传递手续

要做到既完备严密，又简便易行。会计凭证的收发、交接都应按一定的制度办理，确保会计凭证的安全和完整。

三、会计凭证的保管

会计凭证的保管是指会计凭证记账后的整理、装订、归档和存查工作，主要有以下注意事项：

（1）会计凭证应定期装订成册，防止散失。每月记账完毕，要将本月各种记账凭证加以整理，检查有无缺号和附件是否齐全，然后连同所附原始凭证，按照编号顺序，折叠整齐，装订成册。

为了便于查阅，会计凭证应加具封面和封底，并在封面上注明单位名称、凭证起讫时间、起讫编号、附件张数、保管期限等，并由会计主管人员和装订人员签名或盖章。为防止任意拆装及抽换凭证，应在会计凭证上加贴封签。会计凭证装订步骤如图3-6所示。会计凭证封面举例见表3-12。

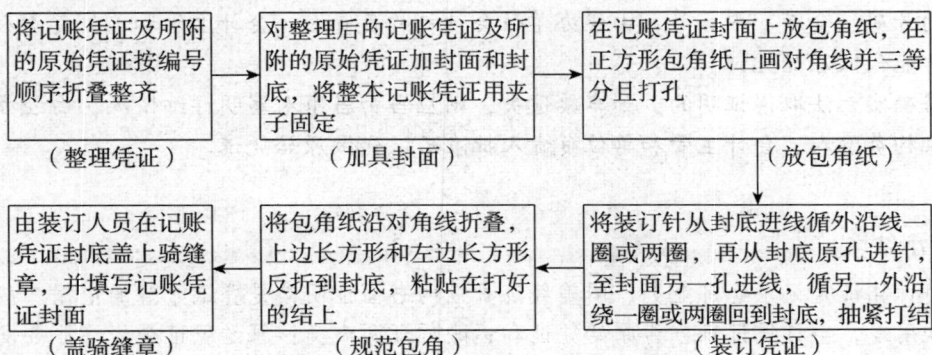

将记账凭证及所附的原始凭证按编号顺序折叠整齐	对整理后的记账凭证及所附的原始凭证加封面和封底，将整本记账凭证用夹子固定	在记账凭证封面上放包角纸，在正方形包角纸上画对角线并三等分且打孔
（整理凭证）	（加具封面）	（放包角纸）
由装订人员在记账凭证封底盖上骑缝章，并填写记账凭证封面	将包角纸沿对角线折叠，上边长方形和左边长方形反折到封底，粘贴在打好的结上	将装订针从封底进线循外沿线一圈或两圈，再从封底原孔进针，至封面另一孔进线，循另一外沿绕一圈或两圈回到封底，抽紧打结
（盖骑缝章）	（规范包角）	（装订凭证）

图3-6　会计凭证装订步骤

（2）原始凭证不得外借，其他单位和个人经本单位领导批准调阅会计凭证，要填写"会计档案调阅表"，详细填写借阅会计凭证的名称、调阅日期、调阅人姓名、调阅理由、归还日期、调阅审批人等。调阅人员一般不准将会计凭证携带外出，需复制的，需说明所复制的会计凭证的名称、张数，经本单位领导同意后在本单位财会人员监督下进行，并登记与签字。

表3-12　　　　　　　　　　　　　　　　记账凭证封面

单位名称	武汉市工贸商店		
起讫时间	自2024年4月1日至2024年4月30日		
册　　数	2024年4月第2册本月共3册		
记账凭证编号	自转字第30号至转字第75号		
附件张数	38	保管期限	

财务负责人　李健　　　　　　　　　　　　　装订人　李健

（3）存档的会计凭证应集中保管。会计凭证装订后，在年度终了时可由单位财务部门保管1年，期满后移交本单位档案部门统一保管。会计凭证存档以后，应集中保管并指定专人负责，保管人员应当按照会计档案管理的要求，对装订成册的会计凭证按年月排列，以便查阅，查阅应有一定手续。

会计凭证的保管期限一般为30年，涉外企业等按国家法规进行保管，对保管期满需销毁的会计凭证，必须报经本单位主管单位审核，主管部门检查、核实确定没有问题后，批准销毁，本单位按规定手续，由有关人员监督销毁。

⊙ 知识拓展

从外部取得凭证遗失的处理

从外单位取得的原始凭证遗失时，应取得原签发单位盖有公章的证明，并注明原始凭证的号码、金额、内容等，由经办单位会计机构负责人，会计主管和单位负责人批准后，才能代做原始凭证。

若确实无法取得证明的，如车票遗失，则应当由当事人写明详细情况，由经办单位会计机构负责人、会计主管和单位负责人批准后，代做原始凭证。

项目小结

会计凭证是记录经济业务、明确经济责任的书面证明，是登记账簿的依据。按填制程序和用途，会计凭证可分为原始凭证和记账凭证两大类：原始凭证是经济业务发生时填制或取得的，用以记录和证明经济业务发生或完成情况的原始书面证明；记账凭证是由财会人员根据审核无误的原始凭证编制的，用以确定会计分录，作为登记账簿直接依据的会计凭证。

会计凭证的填制必须符合有关的规定和要求，会计人员须对会计凭证的真实性、合法性、完整性和正确性进行审核。各单位还应规定会计凭证从取得或填制时起至归档保存时止，在内部各有关部门和人员之间的传递程序和时间，会计凭证作为主要的经济档案，必须按规定妥善保管。

项目训练

一、判断题

1.会计凭证是指由会计人员填制的凭证。　　　　　　　　　　　　　　　　　　（　　）

2.各种原始凭证都应由会计部门进行审核。　　　　　　　　　　　　　　　　　（　　）

3.会计凭证的保管期限一般为15年。　　　　　　　　　　　　　　　　　　　　（　　）

4.在审核原始凭证时，发现有伪造、涂改或不合法的原始凭证，应退还经办人员更改后受理。　　　　　　　　　　　　　　　　　　　　　　　　　　　　　　　　　（　　）

5.属于货币资金收入的业务，都应填制收款凭证。　　　　　　　　　　　　　　（　　）

二、实训题（涉及用记账凭证的题目，请学生自备记账凭证，不考虑相关税费）

1.2024年4月4日，销售科刘志出差，预借差旅费2 000元，出纳以现金支付，请代刘志填写借款单（见表3-13）并编制记账凭证。

表3-13

借 款 单

年　月　日

No. 08517

借款单位			
借款理由			
借款金额	人民币（大写）		￥
单位负责人签字		借款人签字	
领导批示	会计主管审批	付款记录	

2.2024年4月11日，刘志报销差旅费1 850元，由刘志填写差旅费报销单，退回余款150元，请填写收据（见表3-14）并编制记账凭证。

表3-14

收 据

年　月　日

No. 000623

今收到＿＿＿＿＿＿＿＿＿＿＿＿＿＿＿＿＿＿＿＿＿＿＿＿＿＿＿＿＿＿＿＿＿

交来＿＿＿＿＿＿＿＿＿＿＿＿＿＿＿＿＿＿＿＿＿＿＿＿＿＿＿＿＿＿＿＿＿＿

人民币（大写）＿＿＿＿＿＿＿＿＿＿＿＿＿＿＿＿＿＿＿　￥＿＿＿＿＿＿＿

收款单位 公　章		收款人		交款人	

3.2024年4月16日，销售A产品500件，每件售价60元，共30 000元，货款暂未收到。请编制记账凭证。

4.2024年4月27日，收到销售A产品的货款30 000元，存入银行。请编制记账凭证。

5.2024年4月29日，用现金支付厂部办公费200元。请编制记账凭证。

项目评价

	内容	评价		
	评价项目	3	2	1
理论 部分	认识原始凭证			
	认识记账凭证			
	熟悉会计凭证的传递和保管			
实训 部分	原始凭证处理			
	记账凭证处理			
	会计凭证的传递、装订和保管			

内容		评价		
评价项目		3	2	1
素养部分	学习认识原始凭证，明确会计做账要以真实发生的业务为依据，培养学生注重凭据的专业意识			
	学习处理原始凭证，培养学生提取并分析处理会计信息的能力			
	学习填制并审核记账凭证，培养学生全面、准确处理问题的能力，培养细心、谨慎的专业素养			
	学习报销业务的处理，培养学生的规则意识，报销事宜需遵守国家，企业的相关规定，不得越权、越规处理			
	学习会计凭证的传递和保管，增强学生对会计档案保管岗位的认同感，认识档案保管的重要性			
综合评价				

等级说明：

3——能高质、高效地完成此学习目标的全部内容，并能解决遇到的特殊问题

2——能高质、高效地完成此学习目标的全部内容

1——能圆满完成此学习目标的全部内容，不需要任何帮助和指导

评价说明：

优秀——达到3级水平

良好——达到2级水平

合格——全部任务都达到1级水平

不合格——不能达到1级水平

项目四　填制会计账簿

学习目标

知识目标：

1. 了解会计账簿的基本内容。

2. 明确各类账页格式及其适用性。

3. 理解记账规则。

能力目标：

1. 根据经济业务登记相应会计账簿。

2. 熟练运用错账更正方法。

3. 能编制试算平衡表并进行对账与结账。

素养目标：

1. "不做假账"，培养学生正确的会计职业素养。

2. 通过会计账簿不同的分类方式，培养学生多角度思考、对比归纳的学习意识。

3. 通过学生记生活日记账，引导和培养学生养成良好的消费意识。

4. 通过错账的查找与更正，培养学生善于发现、解决问题的意识。

5. 引导学生算好人生账，走好前行每一步，立志做有理想、敢担当、能吃苦、肯奋斗的新时代好青年。

情境导入

交完新学期学费之后，小明妈妈小心翼翼地把收据收好，并按照收据上的内容在一个本子上记录着：2024年3月1日，付小明春季学费×××元。小明好奇地问道："妈妈，您为什么要记呀，我可没钱还啊！"妈妈安慰着说："妈妈只是记账，方便妈妈知道钱都花在哪些地方了。你看，妈妈买菜什么的也记着呢……"小明发现真的是这个样子，但就是想不通妈妈为什么凡事都记在本子上，而且还分了好多本子。同学们，你们能帮小明解答这个问题吗？

任务一　　了解账簿基础知识

有人说，财会人员记忆力非常好，好几年前的事都记得清清楚楚，甚至几角几分都准确无误。难道财会人员真的非同一般，拥有"超强记忆"？No，No！其实只是因为财会人员与一般人员相比，更加细心，把一点一滴都记在账簿中！

任务描述

会计账簿是由具有一定格式、相互联系的账页所组成，以经过审核的会计凭证为依据，全面、系统、连续地记录和反映企事业单位经济业务的簿籍。财会人员就是通过会计账簿才对事事了如指掌的。

任务分析

各单位均应按照会计核算的基本要求和会计规范的有关规定，结合本单位经济业务的特点和经营管理的需要，设置必要的账簿，并认真做好记账工作。

知识准备

单位发生的各种经济业务，首先由会计凭证作最初的反映。在会计核算中，对每一项经济业务，都必须取得和填制会计凭证，因而会计凭证数量很多，又很分散，不能全面、连续、系统地反映和监督一个经济单位在一定时期内某一类和全部经济业务活动情况，且不便于日后查阅。因此，为了给经济管理提供系统的会计核算资料，各单位都必须在凭证的基础上设置和登记账簿，把分散在会计凭证上的大量核算资料，加以集中和归类整理，生成有用的会计信息，从而为编制会计报表、进行会计分析以及审计提供主要依据。

任务实施

一、会计账簿概述

会计账簿就是人们所说的"账本"，是以会计凭证为依据，连续、系统、全面地记录各种经济业务，有一定格式的账页。各单位应当按照国家统一的会计制度的规定和会计业务的需要设置会计账簿。设置和登记账簿是会计核算工作的一项重要环节，对加强经济管理有十分重要的意义。

会计账簿和会计凭证都是记录经济业务的会计资料，但二者记录的方式不同。会计凭证对经济业务的记录是零散的，不能全面、连续、系统地反映和监督经济业务内容；会计账簿对经济业务的记录是分类、序时、全面、连续的，能够把分散在会计凭证中的核算资料集中起来，为经营管理提供系统、完整的核算资料。

想一想4-1

会计账簿和会计凭证有区别吗？

二、会计账簿的种类

1.按用途分类

会计账簿按用途分为序时账、分类账和备查账三类。

（1）序时账也叫日记账，是指按照经济业务发生的时间先后顺序逐日、逐笔登记的账簿。在我国，大多数企事业单位都会开设"库存现金日记账"（见表4-1）和"银行存款日记账"（见表4-2）。

表4-1 库存现金日记账

20××年		凭证		对方科目	摘要	借方	贷方	余额
月	日	种类	编号					

表4-2 银行存款日记账

20××年		凭证		对方科目	摘要	结算凭证		收入	支出	结余
月	日	种类	编号			种类	编号			

（2）分类账是指按照分类账户设置登记的账簿。账簿按其反映经济业务的详略程度，可分为总分类账和明细分类账。总分类账，简称总账，是根据总分类账户开设的，总括地反映某类经济活动，通常采用三栏式。明细分类账，简称明细账，是根据明细分类账户开设的，用来提供明细的核算资料。明细账主要有三栏式明细账、数量金额式明细账等。

小提示4-1

总账总括地记录和反映经济业务的情况，对所属的明细账起着统驭、控制的作用；明细账则详细地记载了经济业务的具体内容，对总账起着补充、说明的作用。

（3）备查账，又称辅助账，是对某些在序时账和分类账中未能登记或登记不全的经济业务进行补充登记的账簿。其一般是为经营管理者提供参考资料，单位可根据自己的实际情况开设。

2.按外表特征分类

账簿按外表特征可分为订本账、活页账和卡片账三类。三者的区别见表4-3。

表4-3　　　　　　　　　　　订本账、活页账和卡片账的区别

账簿名称	含义	优点	缺点	适用范围
订本账	一种在启用前就由一定数量、顺序编号的账页装订成册的账簿	账页固定，防止随意抽换	不便于分工记账，不能随意增减账页，有可能造成浪费	总分类账、库存现金日记账、银行存款日记账
活页账	一种将所需的、零散的账页存放于账夹之内，可以随时取放的账簿	可根据实际需要随时增补账页，便于分工记账	容易造成散失或被抽换	各种明细账
卡片账	一种由具有各种格式、使用分散的卡片所组成的账簿	可根据业务选择或设计相应的格式，并可随时存取，便于日常查阅	容易造成散失或被抽换	一般用于实物保管部门，如固定资产卡片等

想一想4-2

卡片账和活页账有什么共同点？又有什么区别？

3.按账页格式分类

账簿按账页格式可以划分为三栏式账簿、多栏式账簿、数量金额式账簿等。

（1）三栏式账簿：账簿中设有借方、贷方和余额三个基本栏目的账簿，账页格式见表4-4。三栏式账簿一般适用于总分类账簿、日记账、债权债务等明细账的登记。

表4-4　　　　　　　　　　　　　　　三栏式账页

总页次　　　分页次

20××年		凭证		摘要	借方	贷方	借或贷	余额
月	日	字	号					

借贷余三栏式

（2）多栏式账簿：在账簿的基本栏目（借方和贷方）下按需设置若干个专栏的账簿，账页格式见表4-5。收入、成本、费用明细账一般采用多栏式账簿。

表4-5　　　　　　　　　　　多栏式账页

产品名称：　　　　　　　　生产车间：　　　　　　　　计量单位：

20××年		凭证		摘要	借方（项目）				余额
月	日	字	号		直接材料	直接人工	制造费用	合计	

（3）数量金额式账簿：在借方、贷方、余额的下面分设数量、单价和金额三个小栏目，一般"原材料""库存商品"都采用此类账簿登记。账页格式见表4-6。

表4-6　　　　　　　　　　　数量金额式账页

类别：　　　　　　　　　　　计量单位：

名称：　　　　　　　　　　　存放地点：

编号：　　　　　　　　　　　存储定额：

20××年		凭证		摘要	收入			发出			结存		
月	日	字	号		数量	单价	金额	数量	单价	金额	数量	单价	金额

会计账簿的种类如图4-1所示。

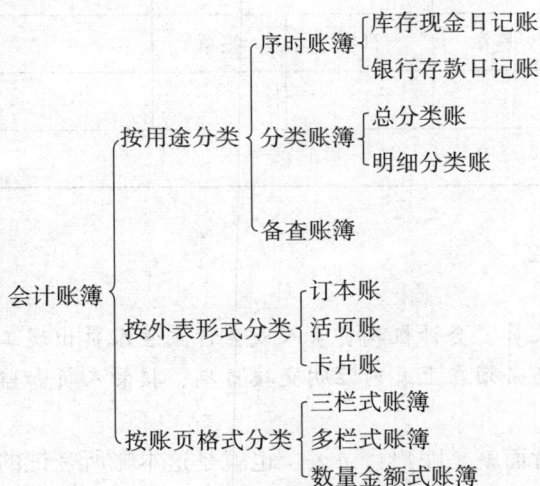

图4-1　会计账簿的种类

三、会计账簿的基本内容

1.封面

其内容包括单位名称、账簿名称。

2.扉页和账户目录

我们打开账簿封面后首先看到的那一页就是扉页，在扉页上要列示出账簿启用表和账户目录表。账簿启用表主要列明账簿名称、启用日期、记账人员、交接情况等。账簿启用表的格式见表4-7。

表4-7   **账簿启用表**

单位名称		武汉阳光股份有限公司							
账簿名称		总分类账							
账簿编号		01							
账簿页数		本账簿共 50 页							
启用日期		2024 年 1 月 1 日							
经管人员		负责人		会计主管		复核		记账	
		姓名	签章	姓名	签章	姓名	签章	姓名	签章
		张华	张华	李健	李健	宋阳	宋阳	陈芳	陈芳
交接记录									
经管		接管		监交		备注			
姓名		日期	签章	日期	签章				
印花税票粘贴处									

📢 **小提示4-2**

如果单位的记账人员、会计机构负责人或会计主管人员出现工作调动时，除应按规定办理交接手续外，还必须在上表内注明交接日期、接管人员和监交人员姓名，并由双方签字或盖章。

一般账簿扉页的背面就是账户目录表，也就是这本账所登记的账户的目录，便于使用者查询。目录表的内容由记账人员根据所开设的账户信息来填制。

3.账页

账页是账簿的核心内容，当月所发生的每一笔业务所引起的变动都必须要记录在账页里，账页的格式多种多样，具体见前文所述。

4.账簿的启用

账簿是很重要的会计档案，需要有专人登记，启用账簿时，必须详细填制"账簿启用表"，相关人员签名盖章并加盖单位公章后按国家规定贴印花税票。

知识拓展

会计账簿的意义

设置和登记账簿是制作会计凭证和编制财务报表的中间环节。与会计凭证相比，会计账簿的信息更系统、更集中；而与财务报表相比，会计账簿更具体、更详细。通过会计账簿，可以进一步检查会计凭证中所反映的会计信息是否正确；而如果账簿资料有误，那么单位也就无法提供准确的财务报表了。

任务二　　　　设置与登记会计账簿

《会计法》规定：各单位必须依法设置会计账簿，并保证其真实、完整。在前面的学习中，我们已经对账簿有了最基本的了解，也知道账簿有很多不同的分类，但是如何来登记会计账簿呢？它们的登记方法都是一样的吗？

任务描述

登记账簿是指根据审核无误的原始凭证及记账凭证，按照国家统一会计制度规定的会计科目，运用复式记账法将经济业务序时地、分类地登记到账簿中去。设置和登记会计账簿，是会计核算工作的一个重要环节。经济业务的多样性导致我们在登记账簿时会选择不同的账簿种类，所用的登记方法也自然不一样。

任务分析

会计账簿是编制会计报表的基础，是连接会计凭证与会计报表的中间环节，对加强经济管理有十分重要的意义。对一个财会人员来说，会计账簿的设置和登记是必备的一项重要技能。

知识准备

每个企事业单位所发生的经济业务都必须取得、填制并审核凭证，但会计凭证数量多且分散，每张会计凭证只能各自反映其不同的经济业务，说明个别经济业务的内容，而不能全面、连续、系统、综合地反映企事业单位在一定的时期内某类或全部资金运动变化情况，不能满足经济管理的要求，因此，只有通过账簿的记录，才能把会计凭证所提供的多且分散的会计资料加以归类整理，分类和综合地反映会计信息，以满足经济管理的要求。

任务实施

一、日记账的设置与登记

日记账是按照经济业务发生或完成的时间先后顺序，逐日逐笔进行登记的账簿，在我国，大多数企业一般只设"库存现金日记账"和"银行存款日记账"两种。

小知识 4-1

开设日记账的基本要求

一般日记账宜选用订本式的账簿，账页则选用三栏式的账页形式，而且每个单位的日记账都是由单位的出纳启用并负责登记的。

1. 库存现金日记账的设置与登记

小提示 4-3

库存现金日记账必须根据审核无误的涉及"库存现金"业务的收付款记账凭证进行登记。

下面我们根据项目三中任务二下的表3-11来填制库存现金日记账（4月期初余额为750.00元），具体见表4-8。

表4-8　　　　　　　　　　　库存现金日记账

2024年		凭证		对方科目	摘要	借方	贷方	余额
月	日	种类	编号					
4	1				期初余额			750.00
4①	6	现收	3②	其他应收款③	收回多余差旅费④	40.00⑤		790.00⑥

表中：

①日期：与所依据的记账凭证日期一致，如2024年4月6日。

②凭证字号：指记账的凭证种类及凭证号数。如现收3。

③对方科目：指现金收入的来源科目或支出的用途科目，如其他应收款。

④摘要：简要说明入账经济业务要点，文字简明扼要，一般可抄写记账凭证的摘要栏，如收回多余差旅费。

⑤借方、贷方：指现金实际收付的金额，一般直接根据记账凭证中"库存现金"的借方（或贷方）金额填写，如40.00。

⑥余额：根据"库存现金"收支业务逐日逐笔结出库存现金结余数额，如790.00。

做一做4-1

2024年11月，某公司库存现金期初余额为3 000.00元。11月2日，从银行提取现金5 000.00元备用，请登记库存现金日记账。

2.银行存款日记账的登记

小提示4-4

银行存款日记账的登记方法与库存现金日记账的登记方法基本一致，唯一有区别的地方是银行存款日记账在登记时，要多登记一项"结算方式"，具体见表4-9。

表4-9　　　　　　　　　　　银行存款日记账

年		凭证		对方科目	摘要	结算凭证		借方	贷方	余额
月	日	种类	编号			种类①	编号②			

表中：

①指与银行存款增减有关的银行票据的类别，如现金支票、转账支票等。

②指与银行存款增减有关的银行票据的号码，如现金支票上的号码等。

想一想4-3

库存现金日记账是根据审核无误的涉及"库存现金"业务的收付款记账凭证来登记的，那么你觉得银行存款日记账是根据哪些记账凭证来登记的呢？

二、分类账的设置与登记方法

1.总分类账的设置与登记

总分类账是按照总分类账户登记以提供总括会计信息的账簿，总账一般采用订本式，账页一般设为借方、贷方和余额三个基本栏目，也可以采用多栏式账页形式。

总分类账登记的方法较多，主要根据单位所采用的会计核算组织程序来确定，其中最基本的是根据记账凭证逐笔记入总分类账。总分类账的登记依据可以是记账凭证，也可以是科目汇总表或汇总记账凭证，总账的登记依据如图4-2所示。

总分类账的登记依据 { 记账凭证（单位采用的是"记账凭证账务处理程序"）
科目汇总表（单位采用的是"科目汇总表账务处理程序"）
汇总记账凭证（单位采用的是"汇总记账凭证账务处理程序"）

图4-2　总账的登记依据

三栏式总账登记举例见表4-10。

表4-10　　　　　　　　　　　**总分类账登记举例**

短期借款　　　　　　　　　　　　总页次 50　分页次 15

2024年		凭证		摘要	借方	贷方	借或贷	余额
月	日	种类	编号					
1	1			上年结转			贷	120 000.00
1	5	银付	3	归还借款	50 000.00		贷	70 000.00

2.明细分类账的设置与登记

明细分类账简称明细账，是根据明细分类账户而开设的账簿，用以反映某一特定明细账户所涉及的经济业务的详细信息。

明细账一般采用活页账的外表形式，依据经济业务的不同分别采用三栏式明细账、数量金额式明细账或多栏式明细账。一般明细账是根据审核无误的记账凭证、汇总记账凭证或科目汇总表，按时间的先后顺序逐笔进行登记。

（1）三栏式明细分类账的账页格式与总分类账基本一致，登记方法也基本相同。

【例4-1】武汉阳光公司2024年4月发生跟"应付账款——星宇公司"有关的以下经济业务（4月期初余额为15 000.00元，不考虑相关税费）：

1.2 日购买材料发生应付账款3 000.00元；

2.6 日以银行存款偿还货款7 000.00元；

3.12 日购买材料发生应付账款5 000.00元。

假定本月再无其他业务，请依据资料登记明细账。

具体登记见表4-11。

表4-11　　　　　　　　　　　**应付账款** 明细分类账

明细科目：　星宇公司

2024年		凭证		摘要	借方	贷方	借或贷	余额
月	日	种类	编号					
4	1			期初余额			贷	15 000.00
	2	转	略	购买材料		3 000.00	贷	18 000.00
	6	银付		偿还货款	7 000.00		贷	11 000.00
	12	转		购买材料		5 000.00	贷	16 000.00
	30			本月合计	7 000.00	8 000.00	贷	16 000.00

做一做4-2

请根据【例4-1】所述的业务编制记账凭证。

（2）数量金额式明细账的设置与登记。

数量金额式明细分类账一般适用于既要进行金额核算又要进行数量核算的会计账户，比如存货中的"原材料""库存商品"等。

【例4-2】阳光公司2024年4月2日向星宇公司购买原材料（甲材料）300千克，每千克10元，发生应付账款3 000.00元（不考虑相关税费），登记数量金额式明细账（4月期初余额为1 000.00元）见表4-12。

表4-12　　　　　　　　　　　　　原材料　明细分类账

类别：原材料　　　　　　　　　　　　　　　　　　　　　　　　　计量单位：千克
名称：甲材料　　　　　　　　　　　　　　　　　　　　　　　　　存放地点：2号仓库
编号：　　　　　　　　　　　　　　　　　　　　　　　　　　　　存储定额：

2024年		凭证		摘要	收入			发出			结存		
月	日	种类	编号		数量	单价	金额	数量	单价	金额	数量	单价	金额
4	1			期初余额							100	10	1 000.00
4	2	转	略	入库	300	10	3 000.00				400	10	4 000.00

做一做4-3

承【例4-2】，阳光公司4月12日再购入甲材料500千克，每千克单价10元，发生应付款5 000.00元（不考虑相关税费），请登记数量金额式明细账。

（3）多栏式明细账的设置与登记。

多栏式明细分类账一般适用于某些需要设置多个明细项目的账户，比如成本费用类账户、收入类账户。

一般多栏式明细账不设借方、贷方，而是设置多个表示金额的小栏目让使用者根据自己的需要来设置。如阳光公司在"管理费用"总账账户需要设置"办公费""折旧费""修理费""差旅费""工资""福利费"等很多内容，那么财务人员就可以把这些内容作为小项，全部登记在一张"管理费用明细分类账"账页上。

三、平行登记

我们依据总分类科目开设总分类账，依据明细分类科目开设明细分类账，两者只是反映业务的详细程度不同。那么财务人员在登记账簿时，是如何体现它们之间的这种"包含"和"属于"的关系呢？

答案就是通过对总分类账户和明细分类账户的平行登记来实现的！

1.平行登记的概念

平行登记，是指对所发生的每项经济业务都要以会计凭证为依据，一方面记入有关总分类账户，另一方面记入明细分类账户的方法。

2.平行登记的要点

平行登记的要点可以归纳为四个方面,如图4-3所示。

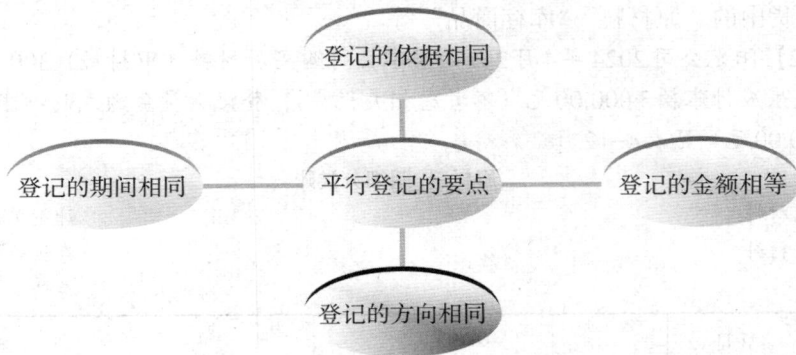

图4-3　平行登记的要点

(1) 登记的依据相同:指对发生的经济业务,都要以相关的会计凭证为依据,既要登记有关的总分类账户,又要登记所属的明细分类账户。

(2) 登记的期间相同:指所发生的交易、事项要在同一个期间登记明细分类账户和总分类账户。

小提示4-5

这里说的是同一个会计期间,不是同一天。在登记总分类账户和明细分类账户的过程中,登记时间上可以有先有后,但必须在同一个会计期间(如同一个月、同一个季度、同一个年度)全部登记入账。

(3) 登记的方向相同:将经济业务记入总分类账户和明细账户时,记账的方向必须相同,即总分类账户记入借方,明细分类账户也记入借方;总分类账户记入贷方,明细分类账户也记入贷方。

(4) 登记的金额相等:记入总分类账户的金额,应与记入所属明细分类账户的金额合计相等。

3.总分类账户和明细分类账户的核对

采用平行登记后,总分类账户和明细分类账户之间就有了特定的数量关系。具体体现为以下4个方面:

总分类账户的期初余额=所属的明细分类账户的期初余额之和

总分类账户的借方发生额=所属的明细分类账户的借方发生额之和

总分类账户的贷方发生额=所属的明细分类账户的贷方发生额之和

总分类账户的期末余额=所属的明细分类账户的期末余额之和

实训三　日记账的登记

实训目的:

登记库存现金日记账。

实训重难点：

库存现金日记账的登记。

实训内容：

某工厂2024年3月31日，库存现金日记账余额为5 000.00元。4月份部分现金收付业务如下：

1.1日，提取现金10 000.00元。

2.6日，发放工资6 000.00元。

3.10日，购买办公用品300.00元。

要求：请根据资料登记库存现金日记账。

实训指导：

登记库存现金日记账，见表4-13。

表4-13   **库存现金日记账**

2024年		凭证		摘要	对应科目	收入	支出	结余
月	日	字	号					
4	1			期初余额				5 000.00
4	1	银付	略	提现	银行存款	10 000.00		15 000.00
4	6	现付	略	发放工资	应付职工薪酬		6 000.00	9 000.00
4	10	现付	略	购买办公用品	管理费用		300.00	8 700.00

（标注说明：简述业务内容，简明摘要；根据凭证上的金额抄写填入；一般依据凭证日期抄写；凭证的种类、号数；凭证上与"库存现金"对应的会计科目；逐笔计算余额）

想一想4-4

表4-13中登记的4月1日结余"5 000.00"是怎样得出的？上月期末余额与本月期初余额有什么关系？

实训四　总账和明细账的平行登记

实训目的：

1. 设置与登记总分类账户。

2. 总分类账户和明细分类账户的平行登记。

实训重难点：

1. 总分类账户期初余额的登记。

2. 理解总分类账户和明细分类账户的平行登记。

实训内容：

资料一：某工厂总账账户2024年4月的期初余额资料见表4-14。

表4-14 　　　　　　　　　　　某工厂总账账户2024年4月的期初余额表 　　　　　　　　　　单位：元

账户名称	借方余额	账户名称	贷方余额
库存现金	2 800.00	短期借款	146 800.00
银行存款	38 600.00	应付账款	42 000.00
应收账款	43 000.00	应交税费	5 000.00
原材料	74 000.00	累计折旧	12 000.00
库存商品	54 000.00	实收资本	40 000.00
固定资产	37 600.00	盈余公积	4 200.00
合计	250 000.00	合计	250 000.00

资料二："原材料"明细账2024年4月的期初资料见表4-15。

表4-15 　　　　　　　　　"原材料"明细账2024年4月的期初资料

材料名称	数量（千克）	单价（元）	金额（元）
甲材料	5 000	10	50 000.00
乙材料	3 000	8	24 000.00

资料三：2024年4月24日，仓库发出甲、乙两种材料，材料汇总表见表4-16。

表4-16 　　　　　　　　　　　仓库发出材料汇总表

用途	甲材料			乙材料		
	数量（千克）	单价（元）	金额（元）	数量（千克）	单价（元）	金额（元）
生产管理部门				2 200	8	17 600.00
行政管理部门	1 500	10	15 000.00			

要求：

1.请根据资料一设置应付账款总分类账户（三栏式），并登记期初余额。

2.根据资料设置"原材料"总分类账户和明细分类账户，并进行平行登记。

实训指导：

1.设置总分类账户、明细分类账户并登记总分类账户和明细分类账户期初余额。

2.登记总分类账户（见表4-17）、明细分类账户（见表4-18和表4-19）。

表4-17 　　　　　　　　　　　原材料总分类账 　　　　　　　　总页次　分页次

2024年		凭证		摘要	借方（收入）	贷方（发出）	借或贷	余额
月	日	种类	编号					
4	1			期初余额			借	74 000.00 ①
4	24			发出材料汇总		32 600.00 ②		41 400 .00 ③

表4-18 原材料明细分类账

明细科目：<u>甲材料</u>　　　　　　计量单位：<u>千克</u>　　　　　　仓库：<u>2号仓库</u>

| 2024年 | | 凭证 | | 摘要 | 收入 | | | 发出 | | | 结存 | | |
月	日	种类	编号		数量	单价	金额	数量	单价	金额	数量	单价	金额
4	1			期初余额							5 000	10	50 000.00
4	24	记	27	发出材料				1 500.00	10	15 000.00	3 500	10	35 000.00

表4-19 原材料明细分类账

明细科目：<u>乙材料</u>　　　　　　计量单位：<u>千克</u>　　　　　　仓库：<u>2号仓库</u>

| 2024年 | | 凭证 | | 摘要 | 收入 | | | 发出 | | | 结存 | | |
月	日	种类	编号		数量	单价	金额	数量	单价	金额	数量	单价	金额
4	1			期初余额							3 000	8	24 000.00
4	24	记	27	发出材料				2 200	8	17 600.00	800	8	6 400.00

平行登记的核对：

表4-17期初余额①74 000.00=表4-18期初余额50 000.00+表4-19期初余额24 000.00

表4-17本月贷方合计②32 600.00=表4-18发出15 000.00+表4-19发出17 600.00

表4-17本月期末余额③41 400.00=表4-18结存35 000.00+表4-19结存6 400.00

知识拓展

总分类账与明细分类账的对账

　　为了检查总分类账与明细分类账是否真正平行登记，还必须将总分类账与明细分类账的记录进行相互核对。核对通常是通过编制"本期发生额与余额表"来进行的。表中的期初余额、本期发生额和期末余额与总分类账、明细分类账对应的金额如果相等，则说明平行登记正确，如果不相等，则说明登记错误，应及时查找原因并更正。

任务三　　熟悉记账规则与错账的更正

　　做任何事都要遵循规则，登记账簿也不例外。我们知道开车不守交通规则，轻则会被贴罚单，重则可能会有牢狱之灾。登记账簿是会计核算的一个重要环节，如果不遵循记账规则，同样可能会导致很多不良结果。

为了保证会计核算的质量，财会人员必须严格遵守各项记账规则。假若记错账，一定要及时进行更正，保证各种账簿记录的完整性和正确性，如实地反映和监督经济活动，为编制会计报表提供真实可靠的数据资料。

任务分析

对一个财会人员来说，熟悉记账规则与错账的更正是必备的一项重要技能。记账必须分工明确，专人负责，凭证齐全，内容完整。财会人员登记会计账簿必须严肃认真，尽最大的努力把账记好算对，防止差错。

知识准备

登记账簿是会计核算的主要工作之一，它是编制财务报表的重要基础，为保证账簿记录的真实完整，准确反映所发生的交易和事项，应由专人登记账簿，登记账簿过程中需遵循有关规则，防止差错。一旦发生错误，要采取适合的方法进行更正。

任务实施

一、记账规则

认真审核完会计凭证后，财会人员就可以进行账簿的登记工作了。登记会计账簿的基本要求有：

1.登记账簿的依据

会计账簿的登记，必须以审核无误的会计凭证为依据。

2.登记账簿的时间

各种账簿应当每隔多长时间登记一次，没有统一规定。

小提示4-6

总分类账要按照单位所采用的会计核算形式及时登账；各种明细分类账，要根据原始凭证、原始凭证汇总表和记账凭证每天进行登记，也可以定期（3天或5天）登记。但是库存现金日记账和银行存款日记账，应当根据办理完毕的收付款凭证，随时、逐笔、顺序进行登记，最少每天登记一次。

3.登记账簿的规范要求

（1）登记账簿时，应当将会计凭证日期、编号、业务内容摘要、金额和其他有关资料逐项记入账内，做到数字准确、摘要清楚、登记及时、字迹工整。

登记完毕后，记账人员要在记账凭证上签名或者盖章，并注明已经登账的符号（如打"√"），防止漏记、重记和错记情况的发生。

（2）各种账簿要按账页顺序连续登记，不得跳行、隔页。如发生跳行、隔页，应将空行、空页划线注销，或注明"此行空白"或"此页空白"字样，并由记账人员签名或盖章。

（3）登记账簿时，要用蓝黑墨水或者碳素墨水书写。不得用圆珠笔（银行的复写账簿除外）或者铅笔书写。红色墨水只能在特殊情况下使用。

登记账簿的
规范要求

小提示4-7

下列情况中，可以用红色墨水记账：

①按照红字冲账的记账凭证，冲销错误记录；

②在不设借或贷栏的多栏式账页中，登记减少数；

③在三栏式账户的余额栏前，如未印明余额方向的，在余额栏内登记负数余额；

④根据国家统一会计制度的规定可以用红字登记的其他会计记录。

（4）记账要保持清晰、整洁，记账文字和数字要端正、清楚、书写规范。账簿中书写的文字和数字上面要留有适当空位，不要写满格，一般应占账簿格距的二分之一，以便留有改错的空间。总分类账登记举例见表4-20。

表4-20

短期借款

总页次50　分页次15

2024年		凭证		摘要	借方								贷方								借或贷	余额						
月	日	种类	编号		十	万	千	百	十	元	角	分	十	万	千	百	十	元	角	分		万	千	百	十	元	角	分
1	1			上年结余		3	4	0	0	0	0	0									贷	3	4	0	0	0	0	0

（5）凡需结出余额的账户，应当定期结出余额。库存现金日记账和银行存款日记账必须每天结出余额。结出余额后，应在"借或贷"栏内写明"借"或"贷"的字样。没有余额的账户，应在该栏内写"平"字并在余额栏"元"位上用"θ"表示。

（6）每登记满一张账页结转下页时，应当结出本页合计数和余额，写在本页最后一行和下页第一行有关栏内，并在本页的摘要栏内注明"过次页"字样，在次页的摘要栏内注明"承前页"字样，见表4-21和表4-22。

（7）登记账簿如果发生错误，必须按照规定的方法更正。不按规定方法更正的，都属于违反《会计法》的行为。

二、错账的更正

在记账过程中，如果账簿记录错误，如账户名称记错、借贷方向记错以及重记、漏记等，不得使用刮擦、挖补、涂改或用褪色药水等方法去更正字迹，必须根据错误的具体情况，采用相应的方法予以更正。错账更正的方法主要有划线更正法、红字更正法和补充登记法3种，各自的适用范围见表4-23。

表 4-21　　　　　　　　　　　　　　　　　　**短期借款**　　　　　　　　　　　　总页次 50　　分页次 15

2024 年		凭证		摘要	借方								贷方								借或贷	余额							
月	日	种类	编号		十	万	千	百	十	元	角	分	十	万	千	百	十	元	角	分		十	万	千	百	十	元	角	分
4	1			期初																	贷		3	4	0	0	0	0
	2			借款										2	0	0	0	0	0	贷		5	4	0	0	0	0
	7			还款		2	5	0	0	0	0										贷		2	9	0	0	0	0
				略																								
	9			过次页		9	5	0	0	0	0			9	0	0	0	0	0	贷		2	9	0	0	0	0

每一页最后一行标明"过次页"　　该账户本页借方合计数　　该账户本页贷方合计数　　该账户本月余额数

表 4-22　　　　　　　　　　　　　　　　　　**短期借款**　　　　　　　　　　　　总页次 50　　分页次 16

2024 年		凭证		摘要	借方								贷方								借或贷	余额							
月	日	种类	编号		十	万	千	百	十	元	角	分	十	万	千	百	十	元	角	分		十	万	千	百	十	元	角	分
4	9			承前页		9	5	0	0	0	0			9	0	0	0	0	0	贷		2	9	0	0	0	0

每一页第一行标明"承前页"　　分别将前一页的对应数据抄写过来

表 4-23　　　　　　　　　　　　**错账更正方法的适用范围**

名称	适用范围	备注
划线更正法	在结账前，如果发现登记账簿的文字或数字有误，而据以登账的记账凭证正确	对文字差错可只划去错误的部分；但如果是数字差错，应将错误的数额全部划线注销
红字更正法（一）	记账后，发现记账凭证所记的会计科目有误或记账方向有误，从而导致账簿记录发生错误	又称全额冲销法
红字更正法（二）	记账后，发现记账凭证中应借、应贷的会计科目无误，只是记账凭证和账簿记录中所记金额大于应记金额	差额冲销法，适用于其他都正确，单纯只是数字多记了
补充登记法	记账后，发现记账凭证中应借、应贷的会计科目无误，只是记账凭证和账簿记录中所记金额小于应记金额	其他都正确，只是数字记少了

1.划线更正法

具体更正方法为：

① 先将错误的文字或者数字划一条红线予以注销，不得只划其中个别的错误数字，应整个划销。

② 将正确的文字或数字用蓝字写在被注销的文字或数字上方，并由记账人员在更正处盖章，以明确责任。

例如：把 4 150.00 元误记为 4 510.00 元。应将错误数字"4 510.00"用红线居中全部划销，然后在上方写上正确的数字，而不能只删改数字"5"和"1"，见表4-24。

表4-24　　　　　　　　　　　　　划线更正法举例

	借方							
	十	万	千	百	十	元	角	分
		4	1	5	0	0	0	
	4	5	1	0	0	0		肖丹

2.红字更正法（一）

红字更正法有两种，第一种叫"全额冲销法"，适用的情况是，记账后，发现登账的记账凭证的会计科目错误。

具体更正方法为：

① 用红字填写一张与错误记账凭证相同的记账凭证并登记入账，以冲销原错误的记录。

② 然后用蓝字重新填制一张正确的记账凭证，并登记入账。

小提示4-8

用红字填写的记账凭证为"红字冲销凭证"。除了金额用红字填写以外，其他地方与原来错误凭证均一模一样，金额与错误凭证金额的区别只是颜色不同。这张冲销凭证的摘要栏我们一般要写明冲销的是哪张错误凭证，如"冲销12月12日银付字1号凭证"。

根据这张"红字冲销凭证"登记账簿时，账簿中的金额也跟凭证一样是红字。

想一想4-5

用红字填制的红字冲销凭证是记账凭证，那么它的"所附原始凭证张数"应怎样填写呢？

3.红字更正法（二）

第二种红字更正法叫"差额冲销法"。如果发现记账凭证上应借、应贷的会计科目并无错误，但所记金额大于应记金额，则采用差额更正。

具体做法：

① 做一张红字冲销凭证，会计科目与原有凭证一样，但金额等于错误金额减去正确金额的差额。

② 根据红字冲销凭证登记账簿。

小提示4-9

此时填制的"红字冲销凭证"，与全额冲销法下的"红字冲销凭证"是有区别的：这里的金额也是红字，但是数字=错误凭证的金额−正确金额。

【例4-3】2024年4月6日生产领用原材料6 000.00元，填制凭证见表4-25，并已登记入账（见表4-26）。（本题只记"原材料"总账，"生产成本"总账、"原材料"明细账等均略）

表4-25

转账凭证

2024年4月6日　　　　　　　　　　　　　　　　转字第12号

摘要	借方科目		借方金额							贷方金额							√
	总账科目	明细科目	十万	千	百	十	元	角	分	十万	千	百	十	元	角	分	
生产领用材料	生产成本			8	0	0	0	0	0								√
		原材料									8	0	0	0	0	0	√
合　计				¥8	0	0	0	0	0		¥8	0	0	0	0	0	

附单据2张

会计主管　李健　　　记账　陈芳　　　复核　宋阳　　　制单　肖丹

表4-26　　　　　　　　　　　**原材料总分类账**　　　　　　　总页次50　分页次15

2024年		凭证		摘要	借方（收入）	贷方（发出）	借或贷	余额
月	日	种类	编号					
					……	……		……
4	6	转	12	生产领用材料		8 000	借	……

4月26日发现记账凭证错误，用红字更正法更正错误。

①做红字冲销凭证，见表4-27。

②据以登记账簿，见表4-28。

表4-27

转账凭证

2024 年 4 月 26 日　　　错误的8 000-正确的6 000（红字金额）　　转字第28号

摘要	借方科目		借方金额								贷方金额								√
	总账科目	明细科目	十万	千	百	十	元	角	分	十万	千	百	十	元	角	分		
冲销 4 月 6 日转字第12号凭证多记金额	生产成本			2	0	0	0	0	0									√
	原材料 注意摘要的写法										2	0	0	0	0	0		√
合　计			￥	2	0	0	0	0	0	￥	2	0	0	0	0	0		

附单据2张

会计主管　李健　　　记账　陈芳　　　复核　宋阳　　　制单　肖丹

表4-28　　　　　　　　　　**原材料总分类账**　　　　　　　　总页次50　　分页次15

2024年		凭证		摘要	借方（收入）	贷方（发出）	借或贷	余额（结存）
月	日	种类	编号					
					……	……		……
4	6	转	12	生产领用材料		8 000.00	借	……
					……			
4	26	转	28	冲销4月6日转字第12号凭证多记金额		2 000.00	借	……

4.补充登记法

如果发现记账凭证上应借、应贷的会计科目并无错误，但所记金额小于应记金额，可采用补充登记法更正，即将少记金额用蓝字再补填一张记账凭证，并将其补记入账。

做一做4-4

2024 年 4 月销售产品一批，共计 20 000.00 元，货款尚未收到，填制凭证时金额误记为 2 000.00 元，并已登记入账。发现这个错误后，我们该如何更正？

学会对账与结账

在会计工作中，有时难免发生各种各样的差错和账实不符的情况。有人为原因造成的，也有无意识的过错造成的，如果没有及时核对查找出来，那么势必会影响我们的财务核算。

任务描述

为了保证各种账簿记录的完整和正确，如实地反映和监督经济活动，并为编制会计报表提供真实可靠的数据资料，必须做好对账工作。同时，通过结账可以反映一定时期内经济业务发生所引起的资金增减变动情况及其结果，也为编制会计报表提供了资料。

任务分析

对一个财会人员来说，学会对账与结账是必备的一项重要技能。对账即核对账目，保证账簿记录的真实可靠。结账能正确结算本单位在一个会计期间内的经营成果，全面了解本单位在期末的实际财务状况，结账工作是否正确、及时，直接关系到核算资料的正确性和会计报表编报的及时性。

知识准备

在账务处理过程中，应该做到记账凭证与原始凭证相符，账户登记与记账凭证相符，账簿与账簿间的有关数字相符，账簿记载与实际情况相符。结账是按照规定把一定时期（月份、季度、年度）内所发生的经济业务登记入账，并将各种账簿结算清楚，以便进一步根据账簿记录编制会计报表的工作。

任务实施

一、对账

对账是核对账簿登记是否真实、正确、完整。账簿是编制财务报表的主要依据，因此为给编制财务报表提供真实可靠的数据，我们一般要在期末之前进行对账工作。对账包括账证核对、账账核对和账实核对三种。

想一想4-6

这里说的期末，一般指什么时候？

1.账证核对

其是指各种账簿的记录应与有关的会计凭证（原始凭证和记账凭证）核对相符。

账——账簿

证——会计凭证

会计账簿 ←——核对——→ 会计凭证

具体核对方法包括：核对账簿记录与原始凭证、记账凭证的时间、凭证字号、内容、金额是否一致，记账方向是否相符。

2.账账核对

其是指各种账簿之间的有关数字核对是否相符。其主要包括：

①总分类账与日记账核对。

库存现金日记账 ←——核对——→ 库存现金总分类账

银行存款日记账 ←——核对——→ 银行存款总分类账

对于期初余额、本期借方发生额、本期贷方发生额、期末余额都应满足下列等式：

库存现金总分类账金额=库存现金日记账金额

银行存款总分类账金额=银行存款日记账金额

②总分类账与所属明细分类账核对。

各总分类账 ←——核对——→ 所属明细分类账

对于期初余额、本期借方发生额、本期贷方发生额、期末余额都应满足下列等式：

总分类账金额=所属明细分类账金额之和

③财务部门账簿与有关部门账簿核对。

财务部门账簿 ←——核对——→ 有关部门账簿

财务部门账簿金额与有关部门账簿金额应满足下列等式：

财务部门涉及各项财产物资的明细账簿记录=财产物资保管和使用部门的相关数据记录

3.账实核对

其是指各种财产物资的账面余额与实存数额核对是否相符。

各种财产物资的账面余额 ←——核对——→ 财产物资实存数额

 **小提示4-10**

单位的各种财产物资一般指单位的库存现金、银行存款、各种债权、各种存货、固定资产等。

账实核对的具体内容一般包括：

库存现金日记账账面余额=实地盘点的库存现金实有数

银行存款日记账账面余额=开户银行账户余额（银行对账单）

各种财产物资明细分类账账面余额=各种财产物资的实际数

各种应收、应付款明细分类账账面余额=有关债务、债权单位的账目余额

小提示 4-11

账实核对一般是通过财产清查进行的，因此，进行账实核对实际上就是进行财产清查。

二、试算平衡

试算平衡，就是指利用"资产=负债+所有者权益"的平衡原理，按照记账规则的要求，通过汇总、计算和比较，来检查会计账务处理和账簿记录的正确性、完整性的一种方法。

1.试算平衡的基本公式

试算平衡的理论基础就是会计基本恒等式，即"资产=负债+所有者权益"。

我们的每一张会计凭证，都是依据记账规则"有借必有贷，借贷必相等"而编制的，因此一个会计期间完毕后，一定会满足如下会计平衡关系：

所有账户的本期借方发生额合计=所有账户的本期贷方发生额合计

由此，我们试算平衡的基本公式有：

全部账户的借方期初余额合计=全部账户的贷方期初余额合计

全部账户的借方发生额合计=全部账户的贷方发生额合计

全部账户的借方期末余额合计=全部账户的贷方期末余额合计

2.试算平衡的分类

（1）发生额平衡。

发生额平衡是指一定时期全部账户借方发生额合计等于该时期内全部账户贷方发生额合计。这是由"有借必有贷，借贷必相等"的记账规则决定的。对于某个会计期间内发生的每一项经济业务，在记入一个账户借方或贷方的同时必然记入另一个账户的贷方或借方，而且金额相等。

（2）余额平衡。

余额平衡是指任意会计期末全部账户借方余额合计等于该期末全部账户贷方余额合计。这是由会计基本恒等式决定的。

3.试算平衡的注意事项

进行账账核对时，试算平衡是我们检验账簿登记是否正确的方法之一，但是，试算平衡不能保障所有账簿的记录都正确，因为有些错误并没有影响记账规则，自然也就不会影响试算平衡的结果。如试算平衡时，漏记、重记、记账方向颠倒和用错会计科目的情况，均不能通过试算平衡被发现。

试算平衡

小提示 4-12

试算平衡一般在月末进行，为简化工作，一般通过编制"试算平衡表"来进行。即使试算是平衡的，月末我们也要进行其他的检查工作，以保证账簿登记的完全正确。

三、结账

各个单位的经济活动是连续不断进行的，为了总结每一会计期间（月份、季度、年度）的经济活动情况，考核经营成果，编制会计报表，就必须在每一会计期末进行结账。结账是指在将本期内所发生的经济业务全部登记入账的基础上，于会计期末按照规定的方法结算账目，包括结算出本期发生额和期末余额。

1.结账的主要程序和内容

结账的主要程序如图4-4所示。

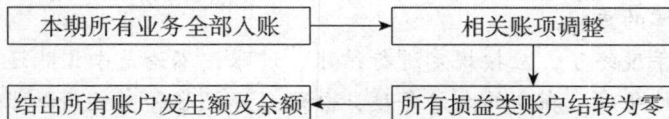

图4-4　结账的流程图

（1）结账前，必须将本期内发生的各项经济业务全部登记入账。

（2）实行权责发生制的单位，按照权责发生制的要求，进行账项调整的账务处理，并在此基础上，进行其他有关转账业务的账务处理，以计算确定本期的成本、费用、收入和利润等。需要说明的是，不能为了赶编报表而提前结账，也不能将本期发生的经济业务延至下期登账，也不能先编会计报表后结账。

（3）结账时，应结出库存现金日记账、银行存款日记账以及总分类账和明细分类账各账户的本期发生额和期末余额，并将期末余额结转下期。

2.结账的方法

计算登记各种账簿本期发生额和期末余额的工作，一般按月进行，称为月结；有的账目还应按季结算，称为季结；年度终了，还应进行年终结账，称为年结。期末结账主要采用划线结账法，也就是期末结出各账户的本期发生额和期末余额后，加以划线标记，将期末余额结转下期。结账时，不同的账户记录应分别采用不同的方法：

（1）对不需要按月结计本期发生额的账户，如各项应收、应付款明细账和各项财产物资明细账等，每次记账以后，都要随时结出余额，每月最后一笔余额是月末余额。月末结账时，只需要在最后一笔经济业务记录下面通栏划单红线，不需要再次结计余额。

（2）库存现金、银行存款日记账和需要按月结计发生额的收入、费用等明细账，每月结账时，要在最后一笔经济业务下面通栏划单红线，结出本月发生额和余额，在摘要栏内注明"本月合计"字样，并在下面通栏划单红线。

（3）对于需要结计本年累计发生额的明细账户，每月结账时，应在"本月合计"行下结出自年初起至本月末止的累计发生额，登记在月份发生额下面，在摘要栏内注明"本年累计"字样，并在下面通栏划单红线。12月末的"本年累计"就是全年累计发生额，全年累计发生额下面通栏划双红线。

（4）总账账户平时只需结出月末余额。年终结账时，为总括反映全年各项资金运动情况，核对账目，要将所有总账账户结出全年发生额和年末余额，在摘要栏内注明"本年合计"字样，并在合计数下面通栏划双红线。

（5）年度终了结账时，有余额的账户，应将其余额结转下年，并在摘要栏注明"结转下年"字样；在下一会计年度新建的有关账户的第一行余额栏内填写上年结转的余额，并在摘要栏注明"上年结转"字样，使年末有余额账户的余额如实地在账户中加以反映，以免混淆有余额的账户和无余额的账户。

小知识4-2

会计账簿的更换与保管

一、会计账簿的更换

每一个会计年度终了，应按规定进行结账、过账，不论是手工账还是电子账，都应过账到下一个会计年度。在新的会计年度，总账、日记账和多数明细账应当更换新账。

二、会计账簿的保管

会计账簿是单位重要的经济档案和历史资料，必须妥善地加以保管。不得丢失和任意销毁，以供日后检查、分析和审计。各种会计账簿的保管年限应遵守财政部和国家档案局发布的《会计档案管理办法》的规定。保存期满，必须按照规定办理手续，报经有关部门批准后销毁。

会计档案的保管

项目小结

会计账簿是由具有一定格式、相互联系的账页所组成，以经过审核的会计凭证为依据，全面、系统、连续地记录和反映企事业单位经济业务的簿籍。会计账簿是编制会计报表的主要依据。会计账簿按用途分为序时账、分类账和备查账。会计账簿按形式分为订本账、活页账和卡片账。会计账簿按账页格式分为三栏式账簿、数量金额式账簿和多栏式账簿。

会计账簿的登记是本项目的重难点，日记账的登记和分类账的登记直接影响到会计报表的编制。记账前要熟悉记账规则，记账时要认真严肃，防止差错。如果不小心出错，合理选择适合的错账更正方法进行更正。错账更正方法包括划线更正法、红字更正法和补充登记法。记账完毕后，还需要进行对账与结账。对账包括账证核对、账账核对和账实核对。

项目训练

一、判断题

1. 原材料明细账一般采用多栏式账页。 （   ）

2. 会计账簿按其用途不同，可分为订本式账簿、活页式账簿和卡片式账簿。

（   ）

3. 单位的账簿是重要的会计档案，由专人负责保管。 （   ）

4. 年度终了，结账完毕，第二年单位所有的账簿都必须更换新账簿。 （   ）

5. 每一张账页登记到最后一行时，要结出本页发生额及结余数，并在摘要栏写上"承前页"。

（   ）

二、单项选择题

1.发现记账凭证用错科目,引起记账错误,更正这种记账错误,应采用(   )。

A.红字更正法　　　　　　　　　B.补充登记法

C.划线更正法　　　　　　　　　D.任意一种更正法

2.库存现金日记账和银行存款日记账,应由(   )进行登记。

A.会计人员　　　　　　　　　　B.会计主管人员

C.出纳人员　　　　　　　　　　D.临时指定人员

3.按照经济业务发生的时间先后逐日逐笔登记的账簿是(   )。

A.明细分类账簿　　　　　　　　B.总分类账簿

C.序时账簿　　　　　　　　　　D.备查账簿

4.明细账从账簿的外表形式看一般采用(   )账簿。

A.订本式　　　　　　　　　　　B.活页式

C.卡片式　　　　　　　　　　　D.多栏式

5.单位设置的总账,一般都采用(   )的账页格式登记。

A.三栏式　　　　　　　　　　　B.多栏式

C.数量金额式　　　　　　　　　D.卡片式

三、实训题

请根据以下业务资料登记"库存现金日记账"。

1.企业库存现金日记账期初余额为6 000.00元。

2.2日,从银行存款提取现金5 000.00元。

3.6日,支付员工借支款7 000.00元。

4.10日,购买办公用品支付300.00元。

项目评价

内容		评价		
评价项目		3	2	1
理论部分	会计账簿的种类			
	会计账簿的设置			
	熟悉记账规则			
实训部分	会计账簿的登记			
	错账的更正			
素养部分	通过会计账簿不同的分类方式,培养学生对比归纳的学习意识			
	通过学生记生活日记账,引导和培养学生养成良好的消费意识			
	通过错账的查找与更正,培养学生善于发现问题、解决问题的意识			
综合评价				

等级说明：

3——能高质、高效地完成此学习目标的全部内容，并能解决遇到的特殊问题

2——能高质、高效地完成此学习目标的全部内容

1——能圆满完成此学习目标的全部内容，不需要任何帮助和指导

评价说明：

优秀——达到3级水平

良好——达到2级水平

合格——全部任务都达到1级水平

不合格——不能达到1级水平

项目五 　编制财务报表

学习目标

知识目标：

1. 能够说出财务报表的含义和种类。
2. 认识不同财务报表的作用。

能力目标：

1. 能够编制资产负债表。
2. 能够编制利润表。
3. 能对财务报表进行简单解读。

素养目标：

1. "民无信不立"，通过学习培养学生正确的职业价值观。
2. 通过对财务报表的分析，培养学生从多角度进行分析评价的能力。
3. 通过学习引导学生"透过现象看本质"，并将其运用到日常学习生活中。
4. 通过实际编制和分析财务报表，感悟"自律与他律"。

情境导入

"又该出这个月的报表了，小陈，你准备得怎么样了？别又搞得像上个月一样……"新来的小陈脑海里浮现出上个月由于自己的粗心，害得大家跟着自己一起连着加了三天班，才在规定时间内把报表做出来的情景，低着头、红着脸说："嗯，主管，这个月我争取不再犯上个月那样的错误了，不让大家跟我一起加班找错了！"

通用的财务报表涵盖了一个企业生产、经营、投资、供应商、员工福利等方面的所有情况，千篇一律的格式中，永远都是0~9共10个数字的组合，却讲述着一个企业的大事小情。

任务描述

企业财会人员处理完当期所有的账务之后，期末还必须根据账簿及其他会计资料编制财务报表，用于向企业管理人员汇报当期资产负债、盈亏等情况。

任务分析

财务报表是反映企业财务状况、经营成果和现金流量等情况的报告文件，企业管理者一般会通过财务报表来了解企业盈亏及资产负债等情况，因此，会计人员必须掌握如何编制财务报表并在此基础上进行简单的分析。

知识准备

要能够编制财务报表，并能做简单分析，必须先了解财务报表基本知识，这就好比好朋友请你评价他家装修得怎么样，你至少要了解他家有几个房间，各房间的主要功能是什么，然后才能有针对性地进行评价。

实际工作中，由于财务报表包含的内容非常丰富，对不同的报表使用者来说，他们关注的重点也不尽相同。

任务实施

一、财务报表概述

1.财务报表的概念

财务报表是对企业财务状况、经营成果和现金流量的结构性表述。量化的财务数字，分项目的表达，能帮助投资者和债权人了解企业的经营状况，进一步帮助其作出经济决策，它是财务会计报告的主要组成部分。

财务报表附注是财务报表的补充，主要是对财务报表中列示项目的文字描述或明细资料，以及对未能在这些报表中列示项目的说明等。

为了达到财务报表对有关决策者有用和能够评价企业管理层受托责任的目标，一套完整的财务报表至少应当包括"四表一注"，即资产负债表、利润表、现金流量表、所有者权益变动表以及附注。财务报表的内容与构成如图5-1所示。

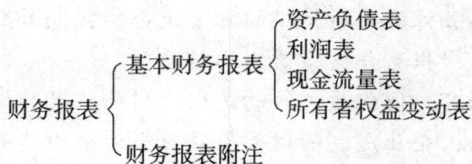

图5-1 财务报表的内容与构成

小案例5-1

周末,"熊孩子"小明的奶奶叫小明爸爸组织一次家庭聚餐,奶奶说了家庭聚餐的规格,多少个菜,要求让大家都能够吃得满意,最后奶奶丢下500元钱并指出不够的由小明爸爸自己想办法解决。

饭后,小明爸爸给了奶奶一个"交代":这次家庭聚餐总共花了多少钱,不够的部分是怎么解决的,大家吃得是否满意。奶奶听后很开心,认为小明爸爸组织的这次家庭聚餐很成功,并声明以后的家庭聚餐都由小明爸爸来组织。

"爸爸给奶奶的'交代'"就好比我们说的财务报表,"奶奶很满意"就好比报表使用者从报表中得到了自己需要的财务信息,"下次聚餐还由小明爸爸来组织"就好比所说的"帮助报表使用者作出经济决策"。

2.财务报表的作用

(1)全面系统地揭示企业一定时期的财务状况、经营成果和现金流量,有利于经营管理人员了解本单位各项任务指标的完成情况,评价管理人员的经营业绩,以便及时发现问题,调整经营方向,制定措施改善经营管理水平,提高经济效益,为经济预测和决策提供依据。

(2)有利于国家经济管理部门了解国民经济的运行状况。通过对各单位提供的财务报表资料进行汇总和分析,了解和掌握各行业、各地区的经济发展情况,以便宏观调控经济运行,优化资源配置,保证国民经济稳定持续发展。

(3)有利于投资者、债权人和其他有关各方掌握企业的财务状况、经营成果和现金流量情况,进而分析企业的盈利能力、偿债能力、投资收益、发展前景等,为他们投资、贷款和贸易提供决策依据。

(4)有利于满足财政、税务、市场监管、审计等部门监督企业经营管理。通过财务报表可以检查、监督各企业是否遵守国家的各项法律、法规和制度,有无偷税漏税的行为。

小知识5-1

不同的人对报表的关注点不同

企业投资者(股东),他们主要关心投资报酬和投资风险。因而,企业编制的财务报表应当着重为其提供盈利能力、资本结构等方面的信息。

而企业的债权人重点关注的是所提供的资金是否能按期如数收回。因而，企业编制的财务报表应当着重为其提供有关偿债能力的信息。

对企业经营管理者而言，他们最关注的是企业财务状况的好坏、经营业绩的大小以及现金的流动情况。因而，企业编制的财务报表应当着重为其提供企业某一特定日期的资产、负债及所有者权益状况，以及某一特定时期的经营业绩和现金流量方面的信息，为以后进行生产经营决策、改善经营管理提供参考资料。

除此之外，企业职工可能更重视企业的经营现状，希望能得到更高的薪水；供应商则更关注资产负债表，只有企业运营良好，才能长期合作等。

资料来源 佚名.各财务报表使用者侧重的内容不同 ［EB/OL］.（2018-11-14）.http：//www.canet.com.cn/baobiao/625629.html.

小提示5-1

虽然财务报表使用者对企业财务报表中的各个表关注度不一致，但由于财务报表之间存在严密的逻辑勾稽关系，因此在阅读财务报表时，一定不能单看其中某张表。"只见一叶不见树林"的做法是不可取的！

二、财务报表的分类

作为财务报告重要组成部分的财务报表，按不同的标准可以进行不同的分类，财务报表的分类见表5-1。

表5-1 财务报表的分类

按资金运动方式不同	静态报表	指综合反映企业在某一特定日期的资产、负债和所有者权益情况的报表，如资产负债表
	动态报表	指反映企业一定时期内经营成果和现金流量情况的报表，如利润表等
按服务对象不同	对外报表	企业必须定期编制的，定期向上级主管部门、投资者、财税部门等报送或按规定向社会公布的财务报表
	对内报表	企业内部根据经营管理的需要而编制的，仅供内部管理人员使用的报表
按编制和报送时间不同	中期报表	包括月度、季度、半年度报表
	年度报表	全面反映企业整个会计年度的经营成果、现金流量和年末财务状况的报表

小提示5-2

企业对外报送的报表是一种主要的、定期的、规范化的报表，一般要有统一的报表格式、指标体系、编制时间等。企业的资产负债表、利润表和现金流量表等都属于对外报送的报表。

而对内的报表一般没有固定的格式，也没有统一的指标。

三、财务报表的编制要求

财务报表的编制要求如图5-2所示。

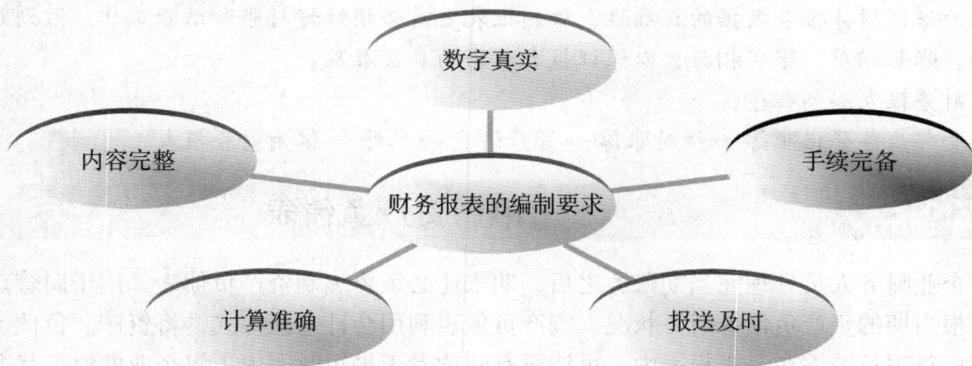

图5-2　财务报表的编制要求

1.数字真实

财务报告中的各项数据必须真实可靠，如实地反映企业的财务状况、经营成果和现金流量。这是对会计信息质量的基本要求。

2.内容完整

财务报表应当反映企业经济活动的全貌，全面反映企业的财务状况和经营成果，才能满足各方面对会计信息的需要。凡是国家要求提供的财务报表，各企业必须全部编制并报送，不得漏编和漏报。凡是国家统一要求披露的信息，都必须披露。

3.计算准确

日常的会计核算以及编制财务报表，涉及大量的数字计算，只有准确地计算，才能保证数字的真实可靠。这就要求编制财务报表必须以核对无误后的账簿记录和其他有关资料为依据，不能使用估计或推算的数据，更不能以任何方式弄虚作假，玩数字游戏或隐瞒谎报。

4.报送及时

及时性是信息的重要特征，财务报表信息只有及时地传递给信息使用者，才能为使用者的决策提供依据。否则，即使是真实可靠和内容完整的财务报告，由于编制和报送不及时，对报告使用者来说，也会大大降低会计信息的使用价值。

5.手续完备

企业对外提供的财务报表应加具封面、装订成册、加盖公章。财务报表封面上应当注明：企业名称、企业统一社会信用代码、组织形式、地址、报表所属年度或者月份、报出日期，并由企业负责人和主管会计工作的负责人、会计机构负责人（会计主管人员）签名并盖章；设置总会计师的企业，还应当由总会计师签名并盖章。

财务报表编制程序

由于编制财务报表的直接依据是会计账簿，而所有报表的数据都来源于会计账簿，因此为保证财务报表数据的正确性，编制报表之前必须做好对账和结账工作，做到账证相符、账账相符、账实相符，以保证报表数据的真实准确。

财务报表编制程序：

全部业务登记账簿→核对账簿→资产清查→结账→编制财务报表

任务二　　　　编制资产负债表

企业财务人员处理完当期账务之后，期末还必须要编制资产负债表，用于向管理人员汇报当期的资产负债等财务状况。资产负债表利用会计平衡等式，将资产、负债、所有者权益项目浓缩在一张报表中，可让所有阅读者于最短时间内了解企业的财务状况。

任务描述

资产负债表是反映企业在一定时点（如月末、季末、半年末或年末）财务状况的报表，也是企业向税务部门、股东等报表使用者提供的主要报表之一。

任务分析

财务报表的编制，基本都是通过对日常会计核算记录的数据加以归集、整理来实现的。资产负债表可以为不同的报表使用者分析、评价企业财务状况提供信息，并据以作出对自己有利的经济决策。因此，会计人员必须掌握编制资产负债表的方法。

知识准备

作为反映企业某特定日期财务状况的报表，资产负债表的左边反映资产项目，右边反映负债和所有者权益项目，报表左右两边都是按照一定顺序排列，而且金额总是相等的。其优点是资产、负债和所有者权益项目恒等关系一目了然。

任务实施

一、资产负债表概述

1.资产负债表的概念

资产负债表是反映企业在某一特定日期财务状况的报表。资产负债表通过资产、负债和所有者权益等项目的结构及前后变化反映企业在特定时日的财务状况、偿债能力等。

资产负债表反映的是企业的财务状况，而企业的财务状况是通过"资产=负债+所有者权益"这一平衡等式来列示的。

想一想5-1

你是否能把此刻手头上的所有资产和负债归纳一下并列表显示出来？

2.资产负债表的结构

"资产=负债+所有者权益"这一会计平衡等式直接决定了某个会计期末资产、负债和所有者权益项目的排列方式，形成资产负债表特有的结构。资产负债表的结构见表5-2。

表5-2　　　　　　　　　　　　　　　资产负债表　　　　　　　　　　　　　　会企01表
编制单位：　　　　　　　　　　　　　年　月　日　　　　　　　　　　　　　单位：元

资　产	期末余额	上年年末余额	负债和所有者权益（或股东权益）	期末余额	上年年末余额
流动资产：			流动负债：		
货币资金			短期借款		
交易性金融资产			交易性金融负债		
衍生金融资产			衍生金融负债		
应收票据			应付票据		
应收账款			应付账款		
应收款项融资			预收款项		
预付款项			合同负债		
其他应收款			应付职工薪酬		
存货			应交税费		
合同资产			其他应付款		
持有待售资产			持有待售负债		
一年内到期的非流动资产			一年内到期的非流动负债		
其他流动资产			其他流动负债		
流动资产合计			流动负债合计		
非流动资产：			非流动负债：		

资　产	期末余额	上年年末余额	负债和所有者权益（或股东权益）	期末余额	上年年末余额
债权投资			长期借款		
其他债权投资			应付债券		
长期应收款			其中：优先股		
长期股权投资			永续债		
其他权益工具投资			租赁负债		
其他非流动金融资产			长期应付款		
投资性房地产			预计负债		
固定资产			递延所得税负债		
在建工程			其他非流动负债		
生产性生物资产			非流动负债合计		
油气资产			负债合计		
使用权资产			所有者权益（或股东权益）：		
无形资产			实收资本（或股本）		
开发支出			其他权益工具		
商誉			其中：优先股		
长期待摊费用			永续债		
递延所得税资产			资本公积		
其他非流动资产			减：库存股		
非流动资产合计			其他综合收益		
			专项储备		
			盈余公积		
			未分配利润		
			所有者权益（或股东权益）合计		
资产总计			负债和所有者权益（或股东权益）总计		

我国企业资产负债表采用的是账户式结构。"资产=负债+所有者权益"这一会计平衡等式是资产负债表编制的理论基础,它将报表分为左右两边。

表格的左方列示企业的资产,即企业在商品经营活动中持有的各项经济资源。按其流动性分项列示,依次是流动资产和非流动资产。

表格的右方是企业的投资者(债权人、所有者(或股东))投入企业的资金及企业留存部分。反映企业负债和所有者权益各项目的分布及数量。负债按先后偿还顺序列示,在企业清算之前不需要偿还的所有者权益排在后面。

整张报表列示了用以说明企业财务状况的各个项目,反映的是企业持有的各项经济资源及其产权归属的对照关系,不论企业资金运动处于何种状态,这种平衡的对照关系始终存在。

小提示5-3

依据资产、负债和所有者权益之间的恒等关系,编制好的资产负债表左右两边一定要相等,即资产总计一定要等于负债和所有者权益总计。

二、资产负债表的编制

资产负债表可以分为表头、表体、表尾附注。编制时,表头的编制主要是日期的填写,一般为报告期最后一天的日期,如6月30日、12月31日等。

表体数据的填写可分为以下几种情况:

1."上年年末余额"的填写

资产负债表采用的是前后期对比的方式编制,所以资产负债表内的数据由"上年年末余额"和"期末余额"两个栏目组成,其中,"上年年末余额"栏内的数字,应根据上年年末各账户的年末余额计算分析或抄写列示。

小提示5-4

如果本年资产负债表规定的各个项目的名称和内容与上年度不一致,应将上年年末资产负债表各个项目的名称和数字按照本年度的规定调整以后再列示。

2."期末余额"的填写

①根据总账账户余额填列。

资产负债表中的有些项目,可根据有关总账账户的余额直接填列,如"资本公积""应付职工薪酬""短期借款"等项目。

而有些项目则需要根据几个总账账户的余额计算填列,如"货币资金",需要根据"库存现金""银行存款""其他货币资金"三个总账账户余额的合计数填列。

②根据有关明细账账户的余额计算填列。

"应收账款"项目,应根据"应收账款"和"预收账款"两个账户所属的相关明细账账户的期末借方余额计算填列。

小提示5-5

如果本企业还有"坏账准备"余额的话，那么在填列时，还需考虑到"坏账准备"部分。

③根据总账账户和明细账账户的余额分析计算填列。

如"长期借款"项目，需要根据"长期借款"总账账户余额扣除"将在一年内到期且企业不能自主将清偿义务展期的部分"后的差额来填列。

④根据有关账户余额减去其备抵账户余额后的净额填列。

如"固定资产"，应根据"固定资产"期末余额减去"累计折旧""固定资产减值准备"等账户余额后的净额填列。

想一想5-2

请想一想，单位的"应收账款"账户期末余额在资产负债表中应如何填写？

小提示5-6

会计人员在编制完资产负债表后，应在制表栏签字或盖章，再将报表交给相应负责人审核。审核无误后，相应负责人应在报表上签字或盖章。

实训五　编制资产负债表

实训目的：

1. 理解资产负债表内各项目的含义。

2. 编制资产负债表。

实训重难点：

编制资产负债表。

实训内容：

武汉阳光贸易公司2024年5月31日有关科目的余额见表5-3。（上年年末余额略，除"应收账款"外，其他科目均不计提"坏账准备"）

表5-3

科目余额表

2024年5月31日

单位：元

账户名称	借方余额	账户名称	贷方余额
库存现金	125.00	短期借款	206 200.00
银行存款	45 450.00	应付票据	
其他货币资金		应付账款	50 900.00
应收票据		应付职工薪酬	24 800.00
应收账款	54 900.00	应交税费	7 900.00

账户名称	借方余额	账户名称	贷方余额
坏账准备	（贷）4 900.00	应付股利	10 825.00
预付账款		其他应付款	3 950.00
其他应收款	4 825.00	长期借款	
在途物资	2 400.00	实收资本（股本）	1 833 880.00
原材料	780 705.00	资本公积	99 900.00
包装物		盈余公积	63 900.00
生产成本	1 400.00		
库存商品	285 750.00		
固定资产	1 811 900.00		
累计折旧	（贷）702 700.00		
在建工程	22 400.00		
合　计	2 302 255.00	合　计	2 302 255.00

要求：请根据资料编制武汉阳光贸易公司2024年5月31日的资产负债表。

实训指导：

编制资产负债表，见表5-4。（上年年末余额略）

表5-4　　　　　　　　　　　　　　资产负债表　　　　　　　　　　　　会企01表

编制单位：武汉阳光贸易公司　　　　　2024年5月31日　　　　　　　　单位：元

资　产	期末余额	上年年末余额	负债和所有者权益（或股东权益）	期末余额	上年年末余额
流动资产：			流动负债：		
货币资金	①45 575.00		短期借款	206 200.00	
交易性金融资产			交易性金融负债		
衍生金融资产			衍生金融负债		
应收票据			应付票据		
应收账款	②50 000.00		应付账款	⑦50 900.00	
应收款项融资			预收款项		
预付款项			合同负债		
其他应收款	4 825.00		应付职工薪酬	24 800.00	

资　产	期末余额	上年年末余额	负债和所有者权益（或股东权益）	期末余额	上年年末余额
存货	③1 070 255.00		应交税费	7 900.00	
合同资产			其他应付款	14 775.00	
持有待售资产			持有待售负债		
一年内到期的非流动资产			一年内到期的非流动负债		
其他流动资产			其他流动负债		
流动资产合计	④1 170 655.00		流动负债合计	⑧304 575.00	
非流动资产：			非流动负债：		
债权投资			长期借款		
其他债权投资			应付债券		
长期应收款			其中：优先股		
长期股权投资			永续债		
其他权益工具投资			租赁负债		
其他非流动金融资产			长期应付款		
投资性房地产			预计负债		
固定资产	⑤1 109 200.00		递延所得税负债		
在建工程	22 400.00		其他非流动负债		
生产性生物资产			非流动负债合计		
油气资产			负债合计	⑨304 575.00	
使用权资产			所有者权益（或股东权益）：		
无形资产			实收资本（或股本）	1 833 880.00	
开发支出			其他权益工具		
商誉			其中：优先股		
长期待摊费用			永续债		
递延所得税资产			资本公积	99 900.00	
其他非流动资产			减：库存股		

资 产	期末余额	上年年末余额	负债和所有者权益（或股东权益）	期末余额	上年年末余额
非流动资产合计	1 131 600.00		其他综合收益		
			专项储备		
			盈余公积	63 900.00	
			未分配利润		
			所有者权益（或股东权益）合计	1 997 680.00	
资产总计	⑥2 302 255.00		负债和所有者权益（或股东权益）总计	⑩2 302 255.00	

（相关人员签名盖章）

1. 填写资产负债表表首部分。

编制单位：单位名称，如武汉阳光贸易公司。

编制时间：2024 年 5 月 31 日。

2. 表体数据的填写：

①＝"库存现金"125.00＋"银行存款"45 450.00＋"其他货币资金"0；

②＝"应收账款"54 900.00－"坏账准备"4 900.00（本题没有"预收账款"余额，所以直接抄写"应收账款"月末借方余额）；

③＝"在途物资"2 400.00＋"原材料"780 705.00＋"生产成本"1 400.00＋"库存商品"285 750.00。

④＝"货币资金"＋"交易性金融资产"＋……＋"其他流动资产"；

⑤＝"固定资产"1 811 900.00－"累计折旧"702 700.00；

⑥＝"流动资产合计"1 170 655.00＋"非流动资产合计"1 131 600.00；

⑦＝"应付账款"贷方余额509 000.00＋"预付账款"贷方余额0（本题没有"预付账款"余额，所以直接抄写"应付账款"月末贷方余额）；

⑧＝"短期借款"＋"应付账款"＋……＋"其他流动负债"；

⑨＝"流动负债合计"304 575.00＋"非流动负债合计"0；

⑩＝"负债合计"304 575.00＋"所有者权益合计"1 997 680.00。

想一想5-3

资产负债表中的其他项目是如何填列的呢?

知识拓展

资产负债表的意义

资产负债表是企业会计报表体系中最主要的一张会计报表，它所提供的信息资料，对于企业管理部门、上级主管部门、投资者、银行及其他金融机构、税务部门等，都有重要的作用。

通过编制资产负债表，可以揭示公司的资产总额及其分布结构，有利于报表使用者进一步分析公司生产经营的稳定性；可以反映公司的资产来源及其构成，有助于评价公司的盈利能力，而且通过期初数与期末数的对比，有助于投资者对资产负债进行动态的比较，进一步分析公司经营管理水平及发展前景。

任务三　　编制利润表

对于全部都是数字和术语的财务报表，我们可能对大部分项目只是一知半解，但对于利润表却能马上有个直观印象——利润不就是企业赚了多少钱吗？不会看账，但企业赚没赚钱还是能明白的。

任务描述

利润表是反映企业在一定会计期间的经营成果的财务报表，经营成果也就是利润，通俗地说，就是企业赚了多少钱。当然，也有另外一种可能：企业没有赚钱，发生了亏损。亏损也是我们所说的经营成果，就是负利润。

任务分析

虽然利润表要表达的东西很直观，但由于我们现在采用多步式来计算利润，而且企业经营涉及的收入、成本、费用等是很繁杂的，所以在编制利润表的时候我们也要很仔细哦！

知识准备

利润表揭示了企业利润的计算和形成过程，往往被看成是企业经营业绩和盈利能力的"成绩表"，通过编制利润表，我们可以全面了解企业的盈利能力和发展能力，进而可以对企业在行业中的竞争地位、自身持续发展能力等做出有效判断。

任务实施

一、利润表概述

1.利润表的概念

利润表是反映企业一定会计期间（如月度、季度、半年度或年度）生产经营成果的会计报表。企业一定会计期间的经营成果既可能表现为盈利，也可能表现为亏损。利润表作为反映经营成果的报表，必须包括影响某一会计期间所有损益的内容，既包括来自生产经营方面的各项收入，已耗费的需在本期分摊的各项成本、费用，也包括来自其他方面的业务收支。

2.利润表的结构

利润表的结构是由其所反映的基本内容决定的。利润表反映的基本内容，表明它是一个动态的报表，即反映实现的收入和发生的费用以及利润（亏损）形成情况的财务报表，按照"收入−费用=利润"的平衡等式编制而成。

利润表通常由表首、表体、表尾签名组成。表首一般跟资产负债表类似，也包含报表名称、编制单位、编制的期间和货币计量单位等内容。

表体部分是利润表最主要的部分，它是由若干个相互联系的反映编制期间企业的收入、费用和利润的组成及利润总额的报表项目构成。

我国企业利润表一般采用的是多步式的结构，其简要格式见表5−5。

表5−5

利润表

会企02表

编制单位：　　　　　　　　　　　　　　　　　　年　　月　　　　　　　　　　　　　　　单位：元

项　　　　目	本期金额	上期金额
一、营业收入		
减：营业成本		
税金及附加		
销售费用		
管理费用		
研发费用		
财务费用		
其中：利息费用		
利息收入		
加：其他收益		
投资收益（损失以"−"号填列）		
其中：对联营企业和合营企业的投资收益		
以摊余成本计量的金融资产终止确认收益（损失以"−"号填列）		
净敞口套期收益（损失以"−"号填列）		
公允价值变动收益（损失以"−"号填列）		
信用减值损失（损失以"−"号填列）		
资产减值损失（损失以"−"号填列）		

项　　目	本期金额	上期金额
资产处置收益（损失以"-"号填列）		
二、营业利润（亏损以"-"号填列）		
加：营业外收入		
减：营业外支出		
三、利润总额（亏损总额以"-"号填列）		
减：所得税费用		
四、净利润（净亏损以"-"号填列）		
（一）持续经营净利润（净亏损以"-"号填列）		
（二）终止经营净利润（净亏损以"-"号填列）		
五、其他综合收益的税后净额		
（一）不能重分类进损益的其他综合收益		
1.重新计量设定收益计划变动额		
2.权益法下不能转损益的其他综合收益		
3.其他权益工具投资公允价值变动		
4.企业自身信用风险公允价值变动		
⋮		
（二）将重分类进损益的其他综合收益		
1.权益法下可转损益的其他综合收益		
2.其他债权投资公允价值变动		
3.金融资产重分类计入其他综合收益的金额		
4.其他债权投资信用减值准备		
5.现金流量套期储备		
6.外币财务报表折算差额		
⋮		
六、综合收益总额		
七、每股收益：		
（一）基本每股收益		
（二）稀释每股收益		

（相关人员签名盖章）

@ 小知识5-2

多步式利润表的优点

从实际运行情况来看，多步式利润表能科学地揭示企业利润及构成内容的形成过程，从而便于对企业的生产经营情况进行分析，有利于不同企业之间进行比较，有利于预测企业未来的盈利能力。

二、利润表的编制

小提示5-7

利润表表首的填写方法与资产负债表基本类似，一般我们按照单位实际填写即可。利润表是反映单位某一会计期间的利润情况的报表，所以在编制日期的填写时，我们只能填写某年某月，而不能像资产负债表那样填写到某日，如可以写：2024年4月。

利润表表体数据内容的填写可以分为以下几种不同的情况：

1."上期金额"的填写

利润表采用的是前后期对比的方式编制，所以利润表内的数据由"本期金额"和"上期金额"两个栏目组成，其中，"上期金额"栏内的数字，应根据单位上一期间利润表的"本期金额"栏内的数字填列。

小提示5-8

如果上年该期利润表规定的各个项目的名称和内容同本期不相一致，应对上年该期利润表各项目的名称和数字按本期的规定进行调整，填入利润表"上期金额"栏内。

2."本期金额"的填写

"本期金额"栏反映各项目的本期实际发生数，具体分为几种情况：

（1）根据总账科目发生额的合计数填列。

利润表中的"营业收入""营业成本"两个项目需根据总账的发生额合计数填列。其中：

营业收入=主营业务收入+其他业务收入

营业成本=主营业务成本+其他业务成本

小提示5-9

注意这里说的是"其他业务收入"。"营业外收入"是不能汇总到"营业收入"中的。

（2）根据某一损益类账户的发生额直接填列。

利润表中大部分项目都可以直接根据同名账户本期发生额直接填列。

如"税金及附加""管理费用""财务费用""销售费用""投资收益""营业外收入""营业外支出""所得税费用"等项目都按此法填列。

（3）根据利润表中各项目的数量关系在表上直接计算填列。

如"营业利润""利润总额""净利润"等项目均采用此法填列。

实训六　编制利润表

实训目的：

1. 理解利润表内各项目的含义。

2. 编制利润表。

实训重难点：

编制利润表。

实训内容：

武汉阳光贸易公司2024年5月31日有关科目的余额见表5-6。

表5-6

科目余额表

2024年5月31日
单位：元

账户名称	借方	贷方
主营业务收入		698 800.00
主营业务成本	453 000.00	
税金及附加	80 500.00	
销售费用	20 000.00	
管理费用	32 000.00	
财务费用	1 500.00	
投资收益	20 000.00	
营业外收入		5 000.00
营业外支出	8 000.00	
所得税费用	22 200.00	

要求：根据上述资料编制利润表。

实训指导：

编制本月利润表，见表5-7。

表5-7　　　　　　　　　　　　　　利润表　　　　　　　　　　　　　会企02表

编制单位：武汉阳光贸易公司　　　　　2024年5月　　　　　　　　　　　　单位：元

项　　目	本期金额	上期金额
一、营业收入	①698 800.00	
减：营业成本	②453 000.00	
税金及附加	③80 500.00	
销售费用	20 000.00	
管理费用	32 000.00	

项　目	本期金额	上期金额
研发费用		
财务费用	1 500.00	
其中：利息费用		
利息收入		
加：其他收益		
投资收益（损失以"-"号填列）	④-20 000.00	
其中：对联营企业和合营企业的投资收益		
以摊余成本计量的金融资产终止确认收益（损失以"-"号填列）		
净敞口套期收益（损失以"-"号填列）		
公允价值变动收益（损失以"-"号填列）		
信用减值损失（损失以"-"号填列）		
资产减值损失（损失以"-"号填列）		
资产处置收益（损失以"-"号填列）		
二、营业利润（亏损以"-"号填列）	⑤91 800.00	
加：营业外收入	5 000.00	
减：营业外支出	8 000.00	
三、利润总额（亏损总额以"-"号填列）	⑥88 800.00	
减：所得税费用	⑦22 200.00	
四、净利润（净亏损以"-"号填列）	⑧66 600.00	
（一）持续经营净利润（净亏损以"-"号填列）		
（二）终止经营净利润（净亏损以"-"号填列）		
五、其他综合收益的税后净额		
（一）不能重分类进损益的其他综合收益		
1.重新计量设定收益计划变动额		
2.权益法下不能转损益的其他综合收益		
3.其他权益工具投资公允价值变动		

项　　目	本期金额	上期金额
4.企业自身信用风险公允价值变动		
⋮		
（二）将重分类进损益的其他综合收益		
1.权益法下可转损益的其他综合收益		
2.其他债权投资公允价值变动		
3.金融资产重分类计入其他综合收益的金额		
4.其他债权投资信用减值准备		
5.现金流量套期储备		
6.外币财务报表折算差额		
⋮		
六、综合收益总额		
七、每股收益：		
（一）基本每股收益		
（二）稀释每股收益		

（相关人员签名盖章）

1.填写利润表表首部分。

编制单位：单位名称，如武汉阳光贸易公司。

编制时间：2024年5月。

想一想5-4

利润表的编制时间跟资产负债表的编制时间有什么区别？为什么？

2.表体数据的填写。

①＝"主营业务收入"698 800.00＋"其他业务收入"0；

②＝"主营业务成本"453 000.00＋"其他业务成本"0；

③＝"税金及附加"80 500.00；

④＝"投资收益"（借方）（−20 000.00）；

⑤＝"营业收入"698 800.00−"营业成本"453 000.00−"税金及附加"80 500.00−"销售费用"20 000.00−"管理费用"32 000.00−"财务费用"1 500.00＋"投资收益"（−20 000.00）；

⑥＝"营业利润"91 800.00＋"营业外收入"5 000.00−"营业外支出"8 000.00；

⑦＝"利润总额"×所得税税率（这里按25%税率计算）；

⑧＝"利润总额"88 800.00−"所得税费用"22 200.00。

这里的"投资收益"为什么是"-20 000.00"？表内其他项目都是怎么填写的呢？

知识拓展

利润表的意义

报表使用者通过利润表的本期金额，可以总体上了解企业在一定会计期间的收入、费用和净利润的实现及构成情况，帮助使用者全面了解企业的经营成果。

通过对本期金额和上期金额的比较，又可以分析企业的获利能力及利润的未来发展趋势，从而为其作出经济决策提供依据。

任务四　　解读基本财务报表

会看财务报表，则报表上的数字是会说话的，是生动有趣的；不会看财务报表，则报表上的数字是抽象的，是枯燥无味的。

任务描述

要想正确解读基本财务报表，我们首先必须要知道基本财务报表都涉及哪些内容，用什么样的方法解读比较好，解读财务报表的意义是什么等。

任务分析

解读财务报表是以财务报表数据为依据，运用一定的分析方法或技术，对企业的经营成果和财务状况进行解读，评价企业以往的经营业绩，预测企业未来的发展趋势，为报表使用者做出决策提供可靠的依据。

知识准备

财务报表是企业财务状况和经营成果的载体，但财务报表所列示的各项目金额，如果孤立地看，并无多大意义，也看不出它的"优、良、中、差"，只有与其他数据相比较，才能成为有用的信息。

这种借助一定参照标准与已有数据的比较，就是解读分析。财务报表的解读，就是参照一定标准将财务报表的各项数据与有关数据进行比较、分析，进而为决策作贡献。

任务实施

前面我们已经学习了财务报表的编制方法，基本知道了财务报表所包括的内容。要读懂财务报表，通过财务报表了解企业的财务状况、经营成果和现金流量，只认识这些是远远不够的，还必须学会对财务报表进行分析。

一、解读财务报表的意义

财务报表分析，是根据不同报表使用者的目的，运用具体的方法对财务报表中有关数据资料进行比较与研究，并评价企业的财务状况和经营成果，以便为管理者决策提供依据的管理活动。

财务报表分析的对象是企业的各项基本活动。财务报表分析就是从报表中获取符合报表使用人分析目的的信息，认识企业活动的特点，评价其业绩，发现其问题。

小知识5-3

解读财务报表的意义

解读财务报表的意义在于：

（1）评价企业的财务状况和经营成果，揭示企业在生产经营活动中存在的矛盾和问题，为改善经营管理提供方向和线索。

（2）预测企业未来的报酬和风险，为投资者、债权人、经营者的决策提供科学有效的帮助。

（3）检查企业预算完成情况，考查经营管理人员的业绩，为完善管理和经营机制提供帮助。

1.财务报表解读的主体

财务报表解读的主体就是报表使用者。财务报表的使用者有许多种，包括投资人、债权人、企业管理人员、政府机构和其他与企业有利益关系的人士。他们出于不同目的使用财务报表，需要不同的信息。我们以债权人、投资人和企业管理人员为例说明他们的解读目的和重点，见表5-8。

表5-8 不同主体解读报表的目的和重点

解读主体	解读的目的	解读的重点
债权人	判断企业还本付息的能力，以决策是否给企业提供信用，提供多少信用，以及是否需要提前收回债权等	短期债权人：企业当前的财务状况，流动资产的流动性和周转率 长期债权人：企业长期收益能力和资本结构
投资人	评价企业业绩，以决策是否投资或是否需要转让持有的股份；考查经营者的业绩，以决定是否需要更换主要管理者等	企业的偿债能力、风险、收益能力，还有同业竞争状况等
企业管理人员	监控企业的有效运营，并改善业绩	企业的财务状况、盈利能力和持续发展能力

2.财务报表解读的客体

财务报表解读的客体，也就是财务报表分析的对象，即企业的基本活动。

对外部分析人士而言，解读财务报表是为了对企业的某种能力作出评价，如债权人对企业的偿债能力作出评价；而对内部使用者来说，解读财务报表则是为了找出目前经营中存在的主要问题和解决问题的途径。

小提示5-10

财务报表分析的起点是阅读财务报表，终点是作出某种判断（包括评价和找出问题），中间的财务报表分析过程，由比较、分类、类比、归纳、演绎、分析和综合等认识事物的步骤和方法组成。其中，分析和综合是两种最基本的逻辑思维方法。因此，财务报表分析的过程也可以说是分析和综合的统一。

二、解读资产负债表——公司值多少钱

资产负债表是企业在某一特定时日（通常为期末）反映企业"家底"的报表。通过解读资产负债表，可以清楚地知道"公司值多少钱"，揭示出公司偿还短期债务的能力，了解公司经营是否稳健等。实际中，对资产负债表的解读主要包含以下两项内容：

1.表内各模块之间的关系分析

分析资产负债表各模块之间的关系，可以从三个方面入手，如图5-3所示。

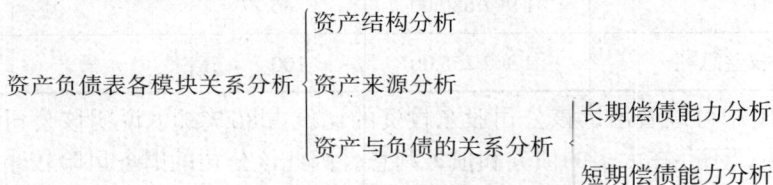

资产负债表各模块关系分析
- 资产结构分析
- 资产来源分析
- 资产与负债的关系分析
  - 长期偿债能力分析
  - 短期偿债能力分析

图5-3　表内各模块之间的关系

（1）资产结构分析。

根据表5-4武汉阳光贸易公司资产负债表中的部分数据，可以分别计算出流动资产、非流动资产与资产总额的百分比，见表5-9。

表5-9　　　　　　　　　　　资产部分的数据

拥有的资产	本年年末		上年年末（略）	
	金额（元）	比例（%）	金额（元）	比例（%）
流动资产合计	1 170 655.00	50.85		
非流动资产合计	1 131 600.00	49.15		
资产总额	2 302 255.00	100		

根据表5-9，可以得出以下结论：

该公司的资产主要是流动资产，资产的流动性比较好，变现能力强。其中，货币资金可以随时变现，应收账款、存货等资产的变现能力也很强，因此公司比较容易获得现金。

小提示5-11

根据上年年末数据还可以分析出上年年末流动资产的比例。

需要注意的是，无论什么企业，过高或过低的流动资产持有率都会影响到企业的正常发展。企业应将流动资产持有率控制在一个相对合理的水平上。

过高地持有流动资产，特别是持有存货和应收账款，会占用企业大量的资金，影响到企业其他项目的投资，使企业获得报酬的能力下降！这一点在公司经营中尤为重要！

（2）资产来源分析。

根据表5-4武汉阳光贸易公司资产负债表中的部分数据，可以分别计算出负债、所有者权益与负债和所有者权益总额的百分比，见表5-10。

表5-10　　　　　　　　　　　资产来源部分的数据

资产的来源	本年年末		上年年末（略）	
	金额（元）	比例（%）	金额（元）	比例（%）
负债合计	304 575.00	13.23		
所有者权益合计	1 997 680.00	86.77		
负债和所有者权益总额	2 302 255.00	100		

从表5-10中可以看出，该公司股东投资的比例占86.77%，说明该公司资产来源以股东投资为主，不存在太多的债务和债务利息，因此该公司的财务风险较小，破产可能性基本不存在。反之，当一个公司的资产主要来源于债权人借款，那么资金随时都有可能被用来还本付息，财务风险很高。

（3）资产与负债的关系分析。

实际中，分析资产和负债的关系，主要是为了分析企业的偿债能力，偿债能力可分为长期偿债能力和短期偿债能力两种。

①长期偿债能力分析。

反映长期偿债能力的指标是资产负债率。该比率越低，说明公司有越多的资产可用来还债，长期偿债能力就越强；反之亦然。

小提示5-12

如果一个公司的资产负债率大于100%，说明该公司目前资不抵债，面临着破产清算的风险。

资产负债率计算公式为：

资产负债率=负债总额÷资产总额×100%

我们根据这个公式和表5-4武汉阳光贸易公司资产负债表计算资产负债率，见表5-11。

表5-11
资产负债率计算表

时间	资产总额（元）	负债总额（元）	资产负债率（%）
2024年5月31日	2 302 255.00	304 575.00	13.23

做一做5-1

请根据资产负债率，简要分析公司的长期偿债能力。

②短期偿债能力分析。

分析短期偿债能力的财务指标是流动比率和速动比率，计算公式为：

流动比率=流动资产总额/流动负债总额

速动比率=（流动资产-存货）/流动负债总额

小提示5-13

流动（速动）比率越高，说明公司有越多的流动（速动）资产可用来偿还债务，短期偿债能力也就越强；反之亦然。

一般公司的流动比率保持在2左右，速动比率保持在1左右比较合理。

做一做5-2

请根据表5-4武汉阳光贸易公司资产负债表中的部分数据计算公司的流动比率和速动比率，并简单分析。

2.重要报表项目分析

资产负债表是由各个项目构成的会计报表，因此，每个报表项目金额的变动都会对资产负债表造成一定的影响，并从中反映出企业的经营情况。实际中，一般只对那些对报表影响较大的项目进行分析，包括货币资金、应收账款和存货等，如图5-4所示。

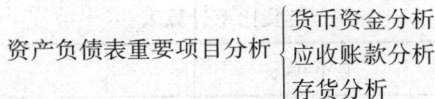

资产负债表重要项目分析 { 货币资金分析 / 应收账款分析 / 存货分析

图5-4 资产负债表重要项目分析

（1）货币资金分析。

根据表5-4武汉阳光贸易公司资产负债表中的货币资金数据，可以计算得出货币资金持有率，见表5-12。

表5-12   货币资金持有率计算表

报表项目	本年年末		上年年末（略）	
	金额（元）	比例（%）	金额（元）	比例（%）
货币资金	45 575.00	1.98	略	
资产总额	2 302 255.00	100		

从表中可以看出，货币资金持有率为1.98%，这个数据被认为不是很合理，说明公司的货币资金持有量不高，虽然没有造成大量的资金闲置，但是企业资产的流动性较差。

小提示5-14

通常，企业货币资金的持有率保持在6%左右是较为合理的。如果比例过高，不仅会造成大量的资金闲置，而且还要为管理这些闲置资金付出管理成本。

（2）应收账款分析。

根据表5-4武汉阳光贸易公司资产负债表中的应收账款数据，可以计算得出应收账款持有率，见表5-13。

表5-13   应收账款持有率计算表

报表项目	本年年末		上年年末（略）	
	金额（元）	比例（%）	金额（元）	比例（%）
应收账款	50 000.00	2.17		
资产总额	2 302 255.00	100		

通常，企业应收账款持有率保持在24%左右比较合适。过高的持有率会有坏账和呆账的可能性。因为一旦应收账款收不回，就很容易造成企业的资金链断裂，影响到企业的正常经营活动。而从表5-13中可以看出，目前该公司的应收账款持有率远远低于24%，说明发生应收账款收不回的概率很低。

（3）存货分析。

根据表5-4武汉阳光贸易公司资产负债表中的存货数据，可以计算得出存货比率，见表5-14。

表5-14   存货比率计算表

报表项目	本年年末		上年年末（略）	
	金额（元）	比例（%）	金额（元）	比例（%）
存货	1 070 255.00	46.49		
资产总额	2 302 255.00	100		

通常认为，企业存货比例保持在30%左右是较为合理的，从表5-14可以看出，该公司存货比例在46.49%，高于这个标准，说明目前公司的存货比率偏高，要尽快调整，使之趋于合理。

小提示5-15

存货规模应当保持合理的水平，过高的存货规模会占用企业的大量资金，对于更新换代较快的商品或容易变质的商品（如电子产品、鲜活产品、农产品等），更应保持合理的存货规模。

但是，存货规模也不能过低，过低会导致无法满足销售的需要。

三、解读利润表——公司赚多少钱

通过解读利润表，可以清楚地知道"公司赚多少钱"，实际中，对利润表的解读主要包含两项内容，如图5-5所示。

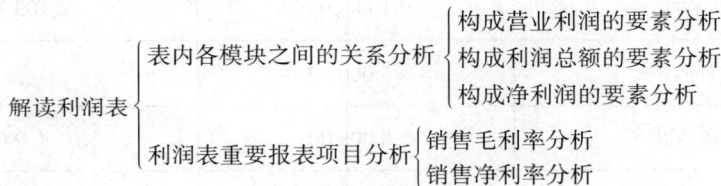

```
                                    ┌ 构成营业利润的要素分析
              ┌ 表内各模块之间的关系分析 ┤ 构成利润总额的要素分析
解读利润表 ┤                          └ 构成净利润的要素分析
              └ 利润表重要报表项目分析 ┬ 销售毛利率分析
                                    └ 销售净利率分析
```

图5-5 解读利润表

1.表内各模块之间的关系分析

通过对利润表内各项目进行分析，可以了解企业利润的产生过程和结构，对利润表内各模块之间的关系分析应从三个方面进行。

（1）构成营业利润的要素分析。

根据表5-7武汉阳光贸易公司利润表中构成营业利润的要素数据，可以得出构成营业利润的要素金额和比例，见表5-15。

表5-15   **构成营业利润的要素金额和比例**

报表项目	金额（元）	占营业收入的百分比（%）
营业收入	698 800.00	100
营业成本	453 000.00	64.83
税金及附加	80 500.00	11.52
销售费用	20 000.00	2.86
管理费用	32 000.00	4.58
财务费用	1 500.00	0.21
投资收益	−20 000.00	2.86
营业利润	91 800.00	13.14

从表5-15可以看出，该公司本月营业成本占营业收入的64.83%，期间费用（销售费用+管理费用+财务费用）占7.65%，营业利润占营业收入的13.14%。三大费用中，管理费用占的比例最高。

本月成本费用占收入比重较大，应尽可能降低成本和费用，以实现利润最大化。

（2）构成利润总额的要素分析。

不同来源的利润在企业利润总额构成中的地位是不一样的，它们未来的可持续性也不相同。如果企业的利润总额主要来源于营业外收支净额，则说明企业的利润总额是不稳定的。

根据表5-7武汉阳光贸易公司利润表中构成利润总额的要素数据，可以得出构成利润总额的要素金额和比例，见表5-16。

表5-16　　　　　　　　　　　**构成利润总额的要素金额和比例**

报表项目	金额（元）	占利润总额的百分比（%）
营业利润	91 800.00	103.38
营业外收入	5 000.00	5.63
营业外支出	8 000.00	9.01
利润总额	88 800.00	100

从表5-16可以看出该公司的利润总额主要来自营业利润，而不是来自营业外收入，说明该公司的盈利能力非常稳定。

（3）构成净利润的要素分析。

企业利润总额中的25%要缴纳企业所得税（本教材不考虑纳税调整），余下的就是企业的净利润。净利润是衡量企业经营业绩的重要指标。净利润越多，说明企业的经营效益越好；反之，则说明企业的经营效益越差。

2.利润表重要报表项目分析

企业的收入主要来源于销售业务，通过对企业销售业务的分析，可以了解企业的盈利能力。

（1）销售毛利率分析。

销售毛利率=（销售收入净额–销售成本）÷销售收入净额×100%

一般企业应对比上期，找出毛利率的变动，并调查毛利率上升或下降的原因，确定毛利率下降是销售价格降低引起的还是成本上升造成的，并及时作出相应的决策调整。

做一做5-3

试根据表5-7武汉阳光贸易公司利润表中的相关数据，计算该公司2024年5月的销售毛利率。

企业销售毛利率越高，说明企业扩大再生产的能力越强；反之，较低的销售毛利率会限制企业收入和业绩扩张的能力。

实际中，企业还可以将其销售毛利率与同行业的销售毛利率进行比较，从而了解企业与行业的差距。

（2）销售净利率分析。

分析销售净利率，是为了说明企业每1元的销售收入可实现多少净利润。假设企业当期营业收入为100万元，净利润是10万元，则说明企业每1元的销售收入可以获得0.1元的净利润。

一般而言，销售净利率越高，说明企业通过扩大销售获得收益的能力越强。销售净利率的计算公式为：

销售净利率=净利润÷销售收入×100%

做一做5-4

试根据表5-7武汉阳光贸易公司利润表中的相关数据，计算该公司2024年5月的销售净利率。

知识拓展

现金流量表

如果说资产负债表是说明"公司值多少钱"、利润表是告诉我们"公司赚了多少钱"的话，那么企业还有另一张报表——现金流量表，则是说明"公司怎么花钱"的。

如果说现金是企业的血液的话，那么现金流量表就是一张反映企业血液循环是否正常的财务报表。实务中，财会人员对现金流量表的解读主要是从三个方面进行的：①"造血功能"——经营活动产生的现金流量分析；②"输血功能"——筹资活动产生的现金流量分析；③"放血功能"——投资活动产生的现金流量分析。

项目小结

企业财会人员处理完当期所有的账务之后，期末还必须根据账簿及其他会计资料编制财务报表，用于向企业管理人员汇报当期资产、负债、所有者权益等情况。财务报表是对企业财务状况、经营成果和现金流量的结构性表述，它以量化的财务数据，分目表达，能帮助投资者和债权人了解企业的经营状况，进一步帮助其作出经济决策。

资产负债表是反映企业在一定时点（如月末、季末、半年末或年末）财务状况的报表，也是企业向税务部门、股东等报表使用者提供的主要报表之一。我国企业资产负债表采用的是账户式结构。"资产=负债+所有者权益"这一会计恒等式是资产负债表编制的理论基础，它将报表分为左右两部分。左边反映企业的资产，右边是企业的投资者（债权人、所有者（或股东））投入企业的资金及企业留存部分。负债按偿还顺序列示，在企业清算之前不需要偿还的所有者权益排在后面。

利润表是反映企业一定会计期间（如月度、季度、半年度或年度）生产经营成果的会计报表。企业一定会计期间的经营成果既可能表现为盈利，也可能表现为亏损。按照"收入－费用=利润"的平衡等式编制而成。

解读财务报表是以财务报表数据为依据，运用一定的分析方法或技术，对企业的经营和财务状况进行解读，评价企业以往的经营业绩，预测企业未来的发展趋势，为报表使用者做出决策提供可靠的依据。

通过解读资产负债表，可以清楚地知道"公司值多少钱"，揭示公司偿还债务的能力，了解公司经营是否稳健等。通过解读利润表，可以清楚地知道"公司赚了多少钱"。

项目训练

一、判断题

1.利润表是反映企业在某一特定期间经营成果的报表。　　　　　　　　　（　　）

2.资产负债表中，资产的排列顺序是按照重要性来确定的。　　　　　　　（　　）

3.资产负债表的格式有单步式和多步式两种。　　　　　　　　　　　　　（　　）

4.利润表是根据各账户的期末余额直接填写的。　　　　　　　　　　　　（　　）

5.为了保证编报的及时性，企业可以先编制财务报表后结账。　　　　　　（　　）

二、单项选择题

1.财务报表中项目数字的直接来源是（　　　　）。

A.原始凭证　　　　　　　　　　　　　B.记账凭证

C.日记账　　　　　　　　　　　　　　D.账簿记录

2.（　　　）是反映企业在一定期间经营成果的报表。

A.资产负债表　　　　　　　　　　　　B.利润表

C.会计报表　　　　　　　　　　　　　D.综合费用表

3.资产负债表是反映企业在（　　　）财务状况的财务报表。

A.某一特定时期　　　　　　　　　　　B.某一特定日期

C.一定时间　　　　　　　　　　　　　D.某一特定会计时期

4.财务报表主要是以（　　　）作为主要计量单位编制而成的。

A.实物　　　　　　B.货币　　　　　　C.劳动量　　　　　　D.时间

5.利润表中的"净利润"是根据企业的利润总额扣除（　　　）后的净额。

A.所得税费用　　　　　　　　　　　　B.盈余公积

C.营业利润　　　　　　　　　　　　　D.资产总额

三、实训题

请根据表5-17内数据之间的相互关系填写表中空缺的数字。

表 5-17   **资产负债表（简表）**   单位：元

资产		负债和所有者权益	
项目	金额	项目	金额
货币资金	380 000.00	短期借款	200 000.00
交易性金融资产	450 000.00	应付账款	176 000.00
应收票据	100 000.00	应交税费	59 000.00
应收账款	235 000.00	流动负债合计	（ ）
存货	（ ）	非流动负债合计	344 000.00
流动资产合计	1 860 000.00	实收资本	4 900 000.00
固定资产	4 270 000.00	资本公积	265 000.00
无形资产	313 000.00	盈余公积	379 000.00
		未分配利润	120 000.00
		所有者权益合计	（ ）

项目评价

内容		评价		
	评价项目	3	2	1
理论部分	财务报表的含义和种类			
	不同报表的作用			
	财务报表的编制要求			
实训部分	编制资产负债表			
	编制利润表			
	财务报表的简单分析			
素养部分	"民无信不立"，培养学生正确的职业价值观			
	通过对财务报表的分析，培养学生从多角度进行分析评价的能力			
	在遇到复杂问题时，能够进行"透过现象看本质"的哲学思考，并将其运用到日常学习生活中			
	通过财务报表的真实性，感悟"自律与他律"			
综合评价				

等级说明：

3——能高质、高效地完成此学习目标的全部内容，并能解决遇到的特殊问题

2——能高质、高效地完成此学习目标的全部内容

1——能圆满完成此学习目标的全部内容，不需要任何帮助和指导

评价说明：

优秀——达到3级水平

良好——达到2级水平

合格——全部任务都达到1级水平

不合格——不能达到1级水平

项目六　　解决会计常见问题

学习目标

知识目标：

1. 了解财产清查的概念和种类。

2. 理解库存现金和银行存款清查的方法。

3. 理解未达账项的含义。

4. 了解借助工具减轻财务人员的工作量。

能力目标：

1. 能正确进行库存现金清查盘点。

2. 能正确编制银行存款余额调节表。

3. 会解决常见会计问题。

素养目标：

1. 市场经济是诚信经济，在财产清查和保管过程中，要熟悉财产清查与保管的相关法规制度，知法守法，自觉维护财经法纪。

2. 学会辨认发票等原始凭证，充分利用所学知识，保障会计工作真实合法，做财务工作的"监督人"。

3. 养成定期清查财产的好习惯，及时发现管理漏洞，提升职业判断力。

4. 勿做假账，勿违本心，秉承客观公正、诚实守信的职业操守，广泛践行社会主义核心价值观，确保会计资料真实可靠，清查结果客观公正。

情境导入

下班前，出纳员何阳习惯性地打开保险柜进行库存现金盘点，发现保险柜里的现金总数和"库存现金日记账"上记载的余额数似乎不一致，再清点一次，还是有出入。

"怎么会不一样呢？是不是放其他地方去了？"他自言自语，翻箱倒柜也找不出钱跑到哪里去了，急得满头大汗的何阳赶紧去找主管李健："我的账目并没有问题，现金也没放到别的地方，但现在就是两者对不上，到底是哪里出问题了呢？"

任务一 　　　　　　　　　　出纳的烦恼

所谓"出"即支出、付出；而"纳"即收入。具体地讲，出纳工作是管理货币资金、票据、有价证券进出的一项工作。

任务描述

货币资金是企业内流动性最强的资产。"日清月结"是出纳员办理现金出纳工作的基本原则和要求，也是避免出现长短款的重要措施。对出纳人员来说，每日对库存现金进行清查、银行收付逐笔记、月终做好调节表是必要的工作。

任务分析

为了保证账实相符、保证会计核算真实可靠，出纳人员需要定期和不定期地对货币资金进行清查。

在清查过程中，如果发现了不一致，应及时查明原因，并作出相应处理。

知识准备

财产清查是指通过对货币资金、实物资产和往来款项的盘点或核对，确定其实存数，查明账存数与实存数是否相符的一种专门方法。

任务实施

在一般人看来，出纳工作似乎很简单，不过是点点钞票、填填支票、跑跑银行等"小事情"。其实不然，出纳工作责任重大，是企业财会工作中的一个重要岗位。

一、清查库存现金

库存现金是指企业持有的可随时用于支付的现金限额，存放在企业财会部门由出纳人员经管的现金，包括人民币现金和外币现金，即与会计核算中"库存现金"科目所包括的内容一致。

情景导入中，主管听完何阳的叙述后，要求单位来一次彻底的库存现金清查，以查明原因。下面我们就一起进行库存现金的清查吧！

1.清查方法

库存现金采用"实地盘点法"进行清查：先盘点库存现金的实有数，再与库存现金日记账的余额进行核对，以确认账实是否相符。

小知识6-1

实地盘点法就是运用度、量、衡等工具，通过点数，逐一确定被清查实物实有数的一种方法。这种方法适用范围较广，大多数财产物资都可采取这种方法。

2.清查内容

（1）清查库存现金的实存数，再与库存现金日记账的账面余额核对，以查明账实是否相符以及盈亏情况，重点清查现金是否短缺。

（2）检查有无挪用现金、白条抵库等非法挪用等舞弊现象或库存现金是否超过限额，以及账款是否相符等情况。

小提示6-1

为明确责任，库存现金清查时出纳人员应始终在场。一般由出纳人员进行实物的清点，清查人员从旁监督。

3.清查过程——编制"库存现金盘点报告表"

库存现金清查应编制"库存现金盘点报告表"，其一般格式见表6-1。

库存现金的盘点

表6-1   **库存现金盘点报告表**

单位名称：①武汉阳光股份有限公司 ②2024年4月30日   单位：元

实存金额	账存金额	实存与账存对比		备注
		盘盈	盘亏	
③195.00	④200.00		⑤5.00	⑧出纳保管不善丢失

盘点人（签章）⑥吴军   出纳员（签章）⑦何阳

表中：

①填表单位名称：武汉阳光股份有限公司。

②库存现金盘点报告表填制日期：2024年4月30日。

③实际盘点的金额：195.00元。

④日记账上的金额：200.00元。

⑤实际比账面上多出的金额是盘盈，实际比账面上少的金额是盘亏：盘亏5.00元。

⑥负责监督盘点的人员签章：吴军。

⑦出纳人员签章：何阳。

⑧库存现金盘盈盘亏的原因等：出纳保管不善丢失。

小提示6-2

"库存现金盘点报告表"具有双重性质，它既是盘存单，也是账存实存对比表；既是反映库存现金实存数，用以调整账簿记录的重要原始凭证，也是分析账实发生差异原因、明确经济责任的依据。

清查过程如下：

（1）盘点前，出纳先将现金的收、付款凭证全部登记入账，结出库存现金余额并填列在"库存现金盘点报告表"的"账存金额"栏内；

（2）盘点时，要求清查人员和出纳人员均在场，清点库存现金实存数，并将盘点结果填列在"库存现金盘点报告表"的"实存金额"栏内；

（3）将实存金额与账存金额相核对，确定盈亏，并对差异进行分析和调整；

（4）盘点完毕后，由盘点人员与出纳人员共同签字盖章。

小提示6-3

一般来说，库存现金清查宜突击盘点，不预先通知出纳人员，以防其预先做手脚，盘点时间最好在当天业务没有开始或当天业务结束时，截至清查时现金收付账项全部登记入账，并结出账面余额，这样可以避免干扰日常业务。

国库券、其他金融债券、公司债券、股票等有价证券的清查方法和库存现金相同。

想一想6-1

出纳员何阳在清查完成后，为了解决账实不符的问题，立刻根据实际的库存现金金额修改了库存现金日记账的余额数，你觉得这个做法对吗？

4.清查结果的处理

库存现金账实不符，即发生了现金长短款，应及时查找原因，按规定程序报请有关部门予以审批处理，并针对清查中发现的问题提出改进意见。具体处理方法如下：

（1）发生库存现金长短款，首先应将长短款转入"待处理财产损溢"账户。

（2）查明原因后，应分别情况处理：属于责任人、保险公司赔偿的短款记入"其他应收款"账户，无法查明原因的短款按规定程序批准后记入"管理费用"账户；属于少付、多收的溢余记入"其他应付款"账户，无法查明原因的溢余按规定程序批准后记入"营业外收入"账户。

如库存现金短缺5元，是由出纳保管不善造成的，应由出纳承担，正确的处理如下：

①根据表6-1"库存现金盘点报告表"，作如下会计分录：

借：待处理财产损溢——待处理流动资产损溢 5.00

    贷：库存现金 5.00

②短款为出纳人员保管不善造成的，应由其负责，作如下会计分录：

借：其他应收款——何阳 5.00

    贷：待处理财产损溢——待处理流动资产损溢 5.00

想一想6-2

如果该单位发生了库存现金长款100.00元，经批准转作"营业外收入"，该如何正确地进行处理？

二、"老出意外"的银行存款的清查

单位中，不仅库存现金容易出意外，银行存款也总是状况频出。银行存款是企业存放在银行或其他金融机构的货币资金。按照有关规定，凡是独立核算的单位都必须在当地银行开设账户。企业在银行开设账户以后，除按核定的限额保留库存现金外，超过限额的现金必须存入银行。正是因为这个规定，所以更容易造成账实不符的情况发生。

1.银行存款的清查方法

单位库存现金清查采用实地盘点法进行，而银行存款明显无法进行实地盘点，只能通过与开户银行核对账目的方法进行，即用本单位的"银行存款日记账"与开户银行提供的本单位"银行对账单"逐笔核对的方法进行清查。

小提示6-4

银行开出的"银行对账单"是银行对企业在银行的存款进行序时核算的账簿记录的复制件，所以与"银行对账单"进行核对，实际上是与银行进行账簿记录的核对。

2.清查结果分析

实际工作中，银行存款日记账的余额与银行对账单的余额往往不一致，其原因可能有两个方面：一是由于本单位或银行某一方或双方记账有错误；二是存在未达账项。

未达账项，是指对于同一项业务，由于企业与开户银行取得有关凭证的时间先后不同，导致双方记账时间不一致，一方已登记入账，而另一方未入账的款项。

未达账项可分为四种情况，具体见表6-2。

表6-2   未达账项的四种情况

企业已经入账，银行尚未入账的款项	银行已经入账，企业尚未入账的款项
1.企业存在银行的款项，企业已记增加，而银行尚未入账增加	1.银行代企业划收的款项，银行已记企业存款增加，而企业尚未接到收款通知，尚未记账增加
2.企业开出支票或付款凭证，企业已记减少，而银行尚未支付减少	2.银行代企业划付的款项，银行已记企业存款减少，而企业尚未接到付款通知，尚未记账减少

3.清查结果的处理

（1）通过核对，如果发现错账，应按规定的方法予以更正，确保双方记录正确无误。

（2）如果是因为存在未达账项导致的双方余额不一致，则应编制"银行存款余额调节表"，排除未达账项的影响。若调节后的余额一致，则说明账实相符，属正常现象，暂时无须进行账务处理。

4.银行存款余额调节表的编制

"银行存款余额调节表"一般采用左右平衡式，其调节方法为补记法，即以双方账面余额为基础，分别在表中补记上对方已记账、自身未记账的未达账项，然后分别汇总求得双方调节后的余额。

小提示6-5

银行存款余额调节表只能起到核对账目的作用，不得用于调整银行存款账面余额。银行存款余额调节表不属于会计凭证的范畴。

【例6-1】武汉市阳光股份有限公司2024年4月30日银行存款日记账的余额为83 000.00元，银行转来的对账单余额为79 000.00元。经逐笔核对，发现以下未达账项：

①企业送存转账支票12 000.00元，并已登记银行存款增加，但银行尚未记账；

②企业开出转账支票3 000.00元，但持票单位尚未到银行办理转账，银行尚未记账；

③企业委托银行代收某公司购货款9 000.00元，银行已收妥并登记入账，但企业尚未收到收款通知，尚未记账；

④银行代企业支付电话费4 000.00元，银行已登记企业银行存款减少，但企业未收到银行付款通知，尚未记账。

银行存款余额调节表，见表6-3。

表6-3

银行存款余额调节表

2024年4月30日

单位：元

项　目	金　额	项　目	金　额
银行存款日记账余额	83 000.00	银行对账单余额	79 000.00
加：银行已收，企业未收款	9 000.00	加：企业已收，银行未收款	12 000.00
减：银行已付，企业未付款	4 000.00	减：企业已付，银行未付款	3 000.00
调节后的存款余额	88 000.00	调节后的存款余额	88 000.00

编制过程：

①填写银行存款日记账余额83 000.00元，银行对账单余额79 000.00元。

②分析未达账项的产生情况，并填入相应的栏目中：企业已收，银行未收款12 000.00元；企业已付，银行未付款3 000.00元；银行已收，企业未收款9 000.00元；银行已付，企业未付款4 000.00元。

③计算调节后的存款余额。

银行日记账调节后的余额：83 000.00+9 000.00-4 000.00=88 000.00（元）

银行对账单调节后的余额：79 000.00+12 000.00-3 000.00=88 000.00（元）

银行存款的
清查

小提示6-6

如果没有记账错误，调节后的双方余额应当一致。

其计算公式如下：

$$\begin{array}{l}银行\\对账单余额\end{array}+\begin{array}{l}企业已收而\\银行未收账项\end{array}-\begin{array}{l}企业已付而\\银行未付账项\end{array}=\begin{array}{l}企业银行\\存款账面余额\end{array}+\begin{array}{l}银行已收而\\企业未收账项\end{array}-\begin{array}{l}银行已付而\\企业未付账项\end{array}$$

小提示6-7

对于银行已经划账，而企业尚未入账的未达账项，要待银行结算凭证到达后，才能据以入账，不能以"银行存款余额调节表"作为记账依据。

想一想6-3

想一想，根据表6-3，企业实际可以动用的银行存款金额应该是多少？

实训七　库存现金清查的处理

实训目的：

练习"库存现金盘点报告表"的编制。

实训重难点：

编制"库存现金盘点报告表"。

实训内容：

武汉市阳光股份公司2024年5月31日对库存现金进行清查，发现实际盘点金额为2 000.00元，而库存现金日记账余额为2 110.00元。

经查，短款为出纳人员工作失误造成，应由其负责。

请根据清查结果进行库存现金清查的处理。

实训指导：

1.确定清查结果：库存现金短缺。

2.填制"库存现金盘点报告表"（见表6-4）。

表6-4

库存现金盘点报告表

单位名称：②武汉市阳光股份公司　①2024年5月31日　　　　　　　　单位：元

实存金额	账存金额	实存与账存对比		备　注
		盘　盈	盘　亏	
③2 000.00	2 110.00		110.00	④　出纳保管不善丢失

⑤盘点人（签章）吴军　　　　　　　　　出纳员（签章）何阳

表中:

①填写填制时间: 2024年5月31日。

②填写单位名称: 武汉市阳光股份公司。

③填写金额: 实存金额2 000.00元, 账存金额2 110.00元, 盘亏110.00元。

④填写原因: 出纳保管不善丢失。

⑤人员签名盖章: 盘点人吴军, 出纳员何阳。

3.进行清查结果的账务处理。

做一做6-1

请根据表6-4"库存现金盘点报告表"进行账务处理。

知识拓展

库存现金清查注意事项

库存现金清查时要注意有无白条抵充现金、库存现金超过限额、坐支现金等现象和尚未入账的临时性借条及暂未领取的代保管现金等情况, 在备注栏中说明并作出适当处理。

白条是指开具或索取不符合正规凭证要求的发货票和收付款项证据, 其是逃避监督或偷漏税款的一种舞弊手段。

库存现金限额一般由单位提出计划, 经开户银行核定, 一般为本单位3~5天的日常零星开支所需金额。

坐支是指将单位销售所得的收入直接用来支付自身的支出 (银行特许者除外)。

任务二　　　　　　　忙忙碌碌的财会人

会计陈芳负责总账兼日常事项处理, 每天从收集财务资料到编制凭证、报表, 从处理各种合同文件到进行档案保管, 从解决经理临时交代的任务到应付各种查账报账及税务审计, 陈芳总是感叹自己"每天忙得像个陀螺"。

任务描述

一年忙到头的财会人, 恨不得长有三头六臂。会计工作总是忙碌而琐碎, 这就要求财会人员除了要有较高的专业技能之外, 还要具备处理各种事务的能力, 会借助各种工具来提高工作效率。

任务分析

通过对业务性质的判断, 对财务工作的合理安排, 既可以明确会计责任, 也可以提高工作效率。借助Excel办公软件和财务软件，会计数据的处理将会更加准确、高效、快速。

知识准备

目前财务软件的应用已踏入了图形化管理的时代，从简单的数字化报表，升级为图形化的交互式财务报表，让用户能够以更形象、更直观的方式进行企业的财务管理。借助计算机设备，不仅提高了会计数据处理的实效性和准确性、会计核算的水平和质量，减轻了会计人员的劳动强度，还提高了经营管理水平，推动了会计技术、方法、理论的创新和观念的更新，促进了会计工作的进一步发展。

任务实施

每个单位财务部门的设置和分工可能会有所不同，财务人员的具体工作可能也会有所区别，但是做财会的人嘴里出现最频繁的一个字就是"忙"。忙什么呢？有人说"报表，报表，还是报表"，有人说"数字，数字，还是数字"，更有人直接说"瞎忙，瞎忙，还是瞎忙"。

一、从年头忙到年尾的财会人

陈芳总感觉每个月有做不完的事情，还总要加班加点。渐渐地，她从乐观开朗、活泼、热情变成了爱抱怨、心态消极，身体素质也越来越差。这些都被主管看在眼里，于是主管要陈芳先总结一下她自己的工作具体有哪些。"不总结不知道，一总结吓一跳！"陈芳叹气道："为什么会计老是那么忙？"

陈芳的工作内容如图6-1所示，请您给她一些建议。

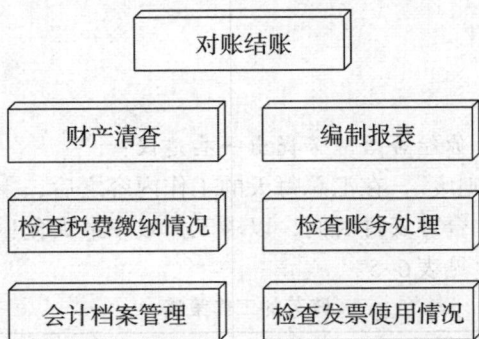

```
                     ┌──────────────┐
                     │   对账结账    │
                     └──────────────┘

┌──────────────┐              ┌──────────────┐
│   财产清查    │              │   编制报表    │
└──────────────┘              └──────────────┘

┌──────────────┐              ┌──────────────┐
│ 检查税费缴纳情况│              │  检查账务处理  │
└──────────────┘              └──────────────┘

┌──────────────┐              ┌──────────────┐
│  会计档案管理  │              │ 检查发票使用情况 │
└──────────────┘              └──────────────┘
```

图6-1　会计陈芳的工作内容

1.对账结账

对账，简单地讲就是核对账目，具体讲就是定期对各种账簿记录进行核对，做到账证相符、账账相符、账实相符和账表相符，以保证账簿记录的真实性和准确性，保证会计报表数据的真实可靠。

结账，是指会计期末将各账户余额结清或结转下期，使各账户记录暂时告一段落的过程。为了便于了解企业财务状况，需要在年末将资产、负债、所有者权益余额结转至下期，并将收入、费用等转至本年利润，以核算本年度的经营成果。

2.财产清查

期末需要对各项财产、物资进行实地盘点和核对，查明财产物资、货币资金和结算款项的实有数额，确定其账面结存数额和实际结存数额是否一致，以保证账实相符。

3.编制报表

会计报表既包括主表，也包括附表。主表通常包括资产负债表、利润表、现金流量表和所有者权益变动表；附表通常包括利润分配表、资产减值准备明细表、应交增值税明细表、分部报表等。

4.检查税费缴纳情况

对企业当年的各项税费作一个总的分析，再计算一下当年的税负情况，与当地税务机关规定的税负作一个比较，根据税务机关的规定进行适当调整。

5.检查账务处理

现行会计准则颁布后，对很多会计事项进行了调整，比如存货的核算、固定资产的管理与认定、收入的确认与计量等，企业会计按照会计准则的规定重点检查一下自身的会计处理情况，是否有不符合会计准则规定的处理方法。

6.会计档案管理

企业需要建立会计档案的立卷、归档、保管、查阅和销毁等管理制度，要保证会计档案妥善保管、有序存放、方便查阅，严防损毁、散失和泄密。

7.检查发票使用情况

没有发票，税务局检查时难免"大眼瞪小眼"，但是很多时候发票还是不能及时到位，时间长了就忘了，所以到年底的时候还是要检查一下，有没有当期应发生的费用还没有取得发票的情况。

想一想6-4

阅读完以上信息后，你能否给陈芳提出一些建议？

"凡事预则立，不预则废"，在汇总每天的工作内容之后，主管给陈芳布置了一个任务，就是制定工作策略，合理安排时间，以求工作效率最大化！在主管的指导下，陈芳制定了自己的工作策略，见表6-5。

表6-5   陈芳的工作策略

序号	内容
1	合理判断工作性质后再进行处理，主动对自己的工作作个计划，了解事情的轻重缓急
2	明晰自己的责任所在，进行合理的分工协作
3	掌握各项工作技能，特别是账务处理技能，提高工作效率
4	不忘向老同事学习工作方法
5	能不加班尽量不加班，身体是革命的本钱，用加班的时间学习其他知识，可以有更好的积累

主管看后指出，这些都有些空洞，其实要想减轻工作负担，还可以有更多的方法！

二、Excel技能

Excel是我们平时工作生活中最常用的软件之一，很多人都会用，Excel的功能是很强大的，掌握更多Excel的技巧，可以让你在会计工作中提高工作效率，减轻工作负担。

小提示6-8

现在很多公司都把Excel当财务软件在用，很多学校的财会专业都把熟练操作Excel当作专业必备技能之一。

1.自动求和

用鼠标选中需要存放结果的单元格，然后单击Excel的"公式"选项卡，在"函数库"选项组中单击"自动求和"旁边的下拉按钮，选择"求和"；按住鼠标左键不放，然后拖动鼠标选中需要相加的单元格，选择完毕后按下键盘上的回车键即可自动求和，如图6-2所示。

图6-2　自动求和

2.同时进行多个单元格的运算

如果我们现在有多个单元格的数据要和一个数据进行加减乘除运算，那么一个一个地运算显然比较麻烦，其实利用"选择性粘贴"功能就可以实现同时运算。

如我们要将D1、D2、D3、D4单元格数据都加上12，那么可以这样做：首先在一个空白的单元格中输入12，选中这个单元格后点击鼠标右键选择"复制"。然后按住Ctrl键依次点击D1、D2、D3、D4单元格，将这些单元格选中。接下来点击鼠标右键选择"选择性粘贴"，在"选择性粘贴"对话框中勾选"运算"框内的"加"选项，点击

"确定"，如图6-3所示。这些单元格中的数据就同时被加上了12。

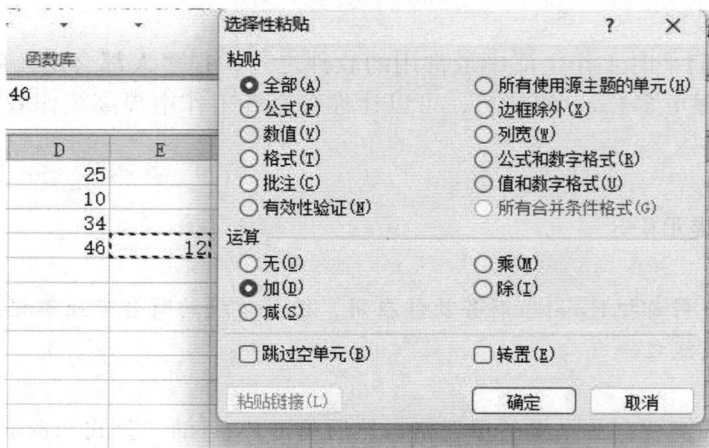

图6-3 同时进行多个单元格的运算

3. 用IF函数判断数据

IF函数是一个非常实用的工具，可以帮助我们根据不同的条件对数据进行判断和处理。

它的基本语法是：IF（logical_test，value_if_true，value_if_false）。logical_test为测试条件，value_if_true表示满足条件、结果为真的返回值，value_if_false表示不满足条件、结果为假的返回值。

例如，我们要完成"按照出差地点为一线城市，每天补贴500元，出差地点为其他城市，每天补贴300元的标准计算员工的出差补贴"的任务。我们可以在C2单元格（如图6-4所示）输入，或者在工具栏插入公式IF（B2="一线城市"，500，300），点击Enter键，C2单元格就会呈现出结果为500，即单元格B2如果是"一线城市"，则补贴是500元，如果不是"一线城市"，则补贴是300元。将C2单元格的公式下拉，复制到其他单元格，就可以计算出每位员工对应的补贴标准。

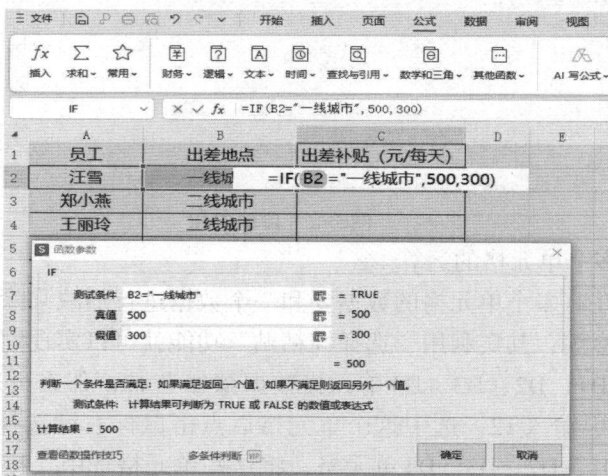

图6-4 用IF函数判断数据

4.用SUMIF函数按条件汇总

SUMIF函数用于计算单元格区域或数组中符合某个指定条件的所有数字的总和。其基本公式结构为：SUMIF（range，criteria，[sum_range]）。其中：range表示要进行条件判断的单元格区域；criteria表示要进行判断的条件，形式可以为数字、文本或表达式；[sum_range]表示要计算的区域。

如图6-5所示，根据2024年10月12日销售额日报表，计算武昌区销售额合计数。我们可以在H14单元格输入，或者在工具栏插入公式SUMIF（A3：A40，"武昌"，F3：F40），点击Enter键，H14单元格就会呈现出计算结果为2 124.00，即筛选A3：A40范围内，区域为"武昌"的数据，汇总其对应的F栏的金额，得到的结果就是武昌区的销售额合计数。

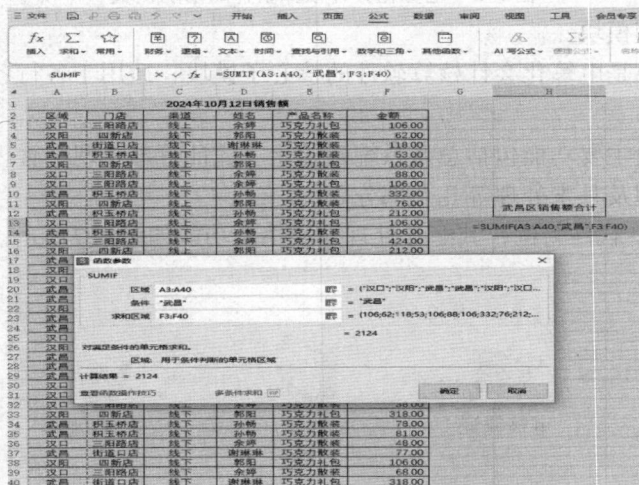

图6-5 用SUMIF函数数据汇总

Execl是专门处理数据的一种工具，这对每天和数据打交道的财务工作者来说是不可或缺的，熟练掌握计算机技术可以让财务工作简单高效。

三、电算化会计——利用财务软件代替手工做账

1.电算化会计概述

计算机对财会工作的帮助不仅仅体现在Excel这一个办公软件上。电算化会计是一门融计算机科学、管理科学、信息科学和会计科学为一体的交叉学科，它极大地降低了会计人员的劳动强度，提高了会计工作的效率和质量，促进了会计职能的转变。随着信息技术的快速发展和管理要求的不断提高，会计手工操作正逐步被会计电算化所取代。

小知识6-2

电算化会计是指以电子计算机为主体的信息技术在会计工作中的应用，具体而言，就是利用会计软件，指挥各种计算机设备替代手工或完成在手工下很难完成的会计工作。

2.电算化会计核算软件的功能模块

电算化会计核算软件的功能模块主要是指会计核算软件中有相对独立的会计数据输入、处理和输出功能的模块，电算化会计核算软件一般包括若干个功能模块，如图6-6所示。

图6-6　电算化会计核算软件的功能模块

（1）账务处理模块。

账务处理模块是电算化会计核算软件的核心子模块，适用于各行各业进行财务核算和管理工作。

账务处理模块主要功能包括总账系统初始化、凭证管理、现金管理、往来管理、项目管理、账簿管理及月末处理等几个部分。

如以畅捷通T3软件为例，其账务处理模块主要功能如图6-7所示。

图6-7　畅捷通T3软件账务处理模块主要功能

📢 **小提示6-9**

一般电算化会计核算软件的账务处理模块既可以单独运行，也可以同其他的系统协同运作。所有模块的数据在生成凭证后，会自动归集到账务处理模块进行集中处理。

（2）应收/应付账款核算模块。

在有的电算化会计核算软件中，这个模块也叫进销存管理系统（如畅捷通T3软件）。这个模块既可以单独使用，也可以与其他相关模块联合应用，主要是核算单位的采购供应部门、仓库保管部门、销售部门和财务部门这几个部门之间的物流、资金流和信息流管理的大统一。

❓ **想一想6-5**

市场营销专业的毕业生每天遇到最多的是不是就是采购、销售、库存等业务？那么学好这个模块是不是对市场营销专业的学生有更大的帮助呢?

（3）固定资产核算模块。

电算化会计核算软件可以帮助企业进行固定资产日常业务的核算和管理,生成固定资产卡片,按月反映固定资产的增加、减少、原值变动及其他变动,并输出相应的增减变动明细账,按月自动计提折旧,生成折旧凭证,同时输出一些同设备管理相关的报表和账簿。

（4）工资核算模块。

工资核算模块的任务主要是以个人的原始工资为基础,进行工资费用的自动分配与计提,计算应发合计、扣款和实发合计,编制工资结算单,按部门和人员类别进行汇总,进行个人所得税的计算,提供对工资相关数据的多种分析查询,月末实现自动转账处理。

（5）报表处理模块。

这个模块主要是按用户的需求设计报表的格式、编制并输出报表,并对报表进行审核、汇总,挖掘报表数据的价值,生成各种分析图表。

想一想6-6

报表处理模块与账务处理模块、应收/应付账款核算模块、固定资产核算模块、工资核算模块等多个子模块均有接口,可以从这些子模块自动取得所需数据生成报表。

那么大家再想一想,是不是感觉用电算化核算软件自动生成报表比我们手工编制财务报表更容易呢?而用电算化核算软件生成各种分析图,是否更利于报表使用者的决策判断呢?

知识拓展

电算化下会计档案的管理

采用电算化会计核算软件进行会计核算的单位,应建立电算化会计档案管理制度。

电算化会计档案的管理工作也是会计的基础工作,要严格按照财政部有关规定的要求对会计档案进行管理,由专人负责。

电算化会计档案包括存放在计算机硬盘中的会计数据以及其他磁性介质或光盘存储的会计数据和计算机打印出来的书面形式的会计数据。会计数据是指记账凭证、会计账簿、会计报表等数据。

对电算化会计档案的管理要做好防磁、防火、防潮和防尘工作,主要会计档案应准备双份,存放在不同的地点;采用磁性介质保存的会计档案,要定期进行检查,定期进行复制,防止由于磁性介质损坏,而使会计档案丢失。

财会工作的真假错乱

一年的财会工作终于要接近尾声了，眼看快到年底可以结账了，陈芳将相关账簿的数据进行"小计"和"合计"，准备试算平衡后进行结账处理。但是没想到试算几次竟然都不平衡，仔细查看一些数据后，感觉有些记录的金额和摘要有些不大合乎实际，只好再次找主管求助。主管看了账簿后说："这个账做得有问题，不仅账目不平衡，而且里面的几笔费用金额过大，不符合公司的实际情况。"

任务描述

财务工作为企业提供着全面的经济信息，对企业经营决策起到了重要作用。但是由于各种计算错误、弄虚作假及人为操控，容易出现会计信息失真。需要财会人员掌握各种查找差错、辨别真伪的方法，以提高信息质量。

任务分析

企业每个月都会产生大量的发票、收据等原始凭证，这些原始单据的遗失和伪造会给会计人员造成困扰，财会人员应学习差错查找方法和发票真伪辨别方法。

知识准备

发票是指一切单位和个人在购销商品、提供或接受劳务、服务以及从事其他经营活动，所提供或取得的收付款的书面证明，是财务收支的法定凭证，是会计核算的原始依据，也是审计机关、税务机关执法检查的重要依据。

任务实施

一、错账的查找

听完主管的分析，陈芳开始到处查找是什么原因导致账目不平衡。做财会的人都知道，其实查找错账比做账还难，因此陈芳开始向老会计咨询快速查找错账的方法。

1.错账产生的原因

想要查找错账，首先要知晓错账产生的原因。账目发生的错误有很多种，其产生的原因也各不相同，常见的差错有以下几种：

（1）记账方向错误。

（2）漏记或重记。

（3）记错科目。在记账时"张冠李戴"，如将"库存现金"记入"银行存款"科目。

（4）数字位数移位。在记账时数字位数移动，如将"100"写成"10"，或将"10"写成"100"等。

（5）数字各位颠倒。在记账时，将某一数字中相邻的两位颠倒登记入账。如将12写成21，123写成132等。

（6）计算错误。

 **小提示6-10**

通常情况下，在查账对账中查到的，都是因为会计人员无意中失误造成的，真正因为账目舞弊造成的错误很少能在日常对账中查出。

2.错账查找方法

出现差错后，一般就会导致试算无法平衡，这时会计人员应及时查找并予以更正。通过长期的经验积累，会计人员总结出了许多有效的方法。

（1）除二法。

记账时稍有不慎，很容易发生借贷方记反或红蓝字记反，简称为"反向"。它有一个特定的规律就是错账差数一定是偶数，只要将差数除二，所得的商就是错账数。所以称这种查账方法为除二法，这是一种最常见且简便的查错账方法。

 **小案例6-1**

某月资产负债表借贷两边不平衡，其错账差数是3 750.64元，这个差数是偶数，它就存在"反向"的可能，那么我们可以尝试3 750.64÷2=1 875.32（元），然后去查找1 875.32元这笔账是否记反了。

如错误差数是奇数，那就没有"反向"的可能，就不适用"除二法"来查。

（2）除九法。

在日常记账中常会发生两个数字前后颠倒、三个数字前后颠倒和数字移位的情况。它们的共同特点是错账差数一定是九的倍数且差数之和也是九的倍数，因此，这类情况可应用"除九法"来查找。下面分三种情况来讲解：

① 两个数字前后颠倒。除以上共同特点外还有其固有的特点，就是错账差数用九除得的商是错数前后两数之差。例如，将81误记为18，则差数是63，63÷9=7，那么错数前后两数之差肯定是7，这样只要查70、81、92及其"倒数"就是了。无须在与此无关的数字中去查找。

② 三个数字前后颠倒。除具有共同特点外，也有其固定的特点，就是三位数字前后颠倒的错账差数都是99的倍数，差数用99除得的商即是三位数字中头、尾两数之差。例如，三个数字头与尾两数之差是1，那么数字颠倒后的差数是99，如100与001、221与122、334与433等的差数都是；三位数字头与尾两数之差是2，那么数字颠倒后的差数则是99的2倍，即为198，如311与113、466与664、557与755等的差数都是。

③ 数字移位，或称错位，俗称大小数，这是日常工作中较容易发生的差错。除具有共同特点外，也有其固有的特点，就是数字移位的错误，将差数用九除得的商就是错账数。例如2 000错记为200或20 000，它的差数为1 800或18 000，它们的差数和每个数字之和都是九的倍数，将差数分别用九除得的商则是200和2 000，只要查找这些数字就能查到记账移位的错误了。

（3）差数法。

根据错账差数直接查找的方法叫作差数法。有以下两种错账可用此法：

一是漏记或重记，因记账疏忽而漏记或重记一笔账，只要直接查找到差数的账就查到了，这类错账最容易发生在本期内同样数字的账发生了若干笔，这就容易发生漏记或重记。例如错账差数是1 000元，本期内发生额为1 000元的账有10笔，这时就可以查找1 000元的账是否漏记或重记了。

二是串户，如某公司在本单位有应收账款和应付账款两个账户，如记账凭证是借应收账款500元，而记账时误记入应付账款借方500元，这就造成资产负债表双方是平衡的，但总账与明细账核对时应收账款与应付账款各发生差数500元，这就可以运用差数法到应收账款或应付账款账户中直接查找500元的账是否串户。

（4）追根法。

若为了一笔错账已查了半天，对本期发生额都查得正确无误，但就是不平衡，在这种情况下不妨运用"追根法"去追查一下上期结转数字，进行逐笔核对，检查是否是结转差错，问题很可能恰恰出在那个"源头"。

这是因为会计账表的平衡关系是绝对的，假如本期发生额确实查明是正确无误，那么必然是期初数（上期结转数）在结转记账时有差错。只要对期初数认真追查，必能发现差错。

（5）顺查法。

当错账发生笔数较多，各种错账混杂在一起，不能用一种方法查出时，就必须用"顺查法"来查，这是查错账最后的绝招。查账程序基本上与记账程序一样，每查对一笔就必须在账的后面标一个符号，这样一笔笔查下去就一定能查出。在顺查时一定要仔细认真，在顺查时还必须结合以上方法同时应用。总之，不要被错账的假象所蒙蔽而错过去，如错过去又必须从头查起，只要仔细认真地去查，错账一定会暴露出来的。

俗话说"记账容易查账难"。在实际工作中掌握错账发生的规律，查起错账来就比较容易，熟练后就能得心应手地运用，将错账逮住。

小提示6-11

错账查出后必须及时按规范纠正，严禁涂改、挖补、刮擦或用药水消除字迹。错账更正的方法主要有划线更正法、红字更正法和补充登记法。

二、后附的原始凭证去哪儿了

好不容易查找完错账，把账做平，陈芳开始整理记账凭证，零零碎碎的记账凭证后面，有好几张记账凭证的原始凭证都"不翼而飞"了。后附的原始凭证跑去哪儿了？

仔细回忆后查找了好半天，终于回忆起这样几个情景：

（1）月末的时候，都要进行月末的计提摊销处理，基本每个月都有这样的会计处理，而且处理时内容基本差不多。这个月，陈芳看到计提摊销的数据金额跟上个月比没变化，就按照上个月的数据直接填制了记账凭证。而凭证的复核人员也知道这张凭证每个月都会有，所以就直接复核签字了。

🔊 **小提示6-12**

根据要求，所有记账凭证都必须附原始凭证，只有两种情况例外：结账的记账凭证和更正错误的记账凭证。

（2）一次，财务部门遇到一笔先付款后开发票的采购业务，对方承诺发票一定会在当月内开来，于是陈芳在付款环节没有按照正常流程操作，而是做了入账并进行了抵扣进项税额的处理，原本是想在发票开来后直接将发票作为后附原始凭证就行了。没想到发票开来后，同事重新做了一张抵扣进项税额的凭证并后附该发票。自然前一笔业务就没有原始凭证了。

❓ **想一想6-7**

大家想一想，陈芳的处理存在着几个方面的问题？除了前一次的凭证没有后附原始凭证之外，还有哪些处理方法存在问题？

（3）陈芳在输完单据后发现有一张定额发票掉出，由于当时她正在接电话，所以也没多想就顺手把那张掉的发票捡起来放在最下面了，这样肯定就造成最后一张记账凭证莫名其妙多了一张不属于它的后附原始凭证，而另外的一张记账凭证却缺少了原本属于它的后附原始凭证。

陈芳重新检查了这个月的凭证，果然是这张定额发票放错了位置，赶紧将它附在正确的记账凭证后。

❓ **想一想6-8**

如果你是陈芳，你会出现这些错误吗？作为会计人员，我们应该怎样避免凭证丢失呢？

日常工作中，我们可以通过连续编号、复核查阅、认真执行交接手续等方式，加强对原始凭证的保管，特别要注意四点（如图6-8所示）。

凭证输入准确，防止
重复入账

原始单据保管完好，粘
贴牢固；外单位所欠发
票要及时催收

原则上一号一单，有
共用单据的需标明附
件见哪一号

所有的原始单据要及时
归档，避免时间久了忘
记是归属于哪项业务

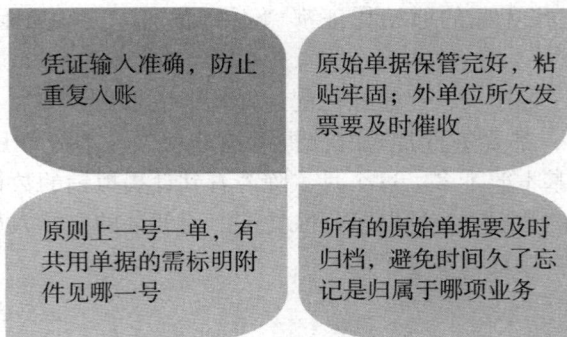

图6-8　注意事项

想一想6-9

各单位的预算、计划、制度等文件资料，还有采购销售中经常出现的购销协议，它们属于原始凭证吗？

三、发票的真真假假

在整理原始凭证的过程中，陈芳发现有一张关于费用报销的发票缺少了总经理的签章，询问总经理，总经理却说从来没有经手过这张单据。难道这张发票是假的？

发票是单位最常见的原始凭证，考虑到它的重要性，陈芳不得不放下手上其他的工作，将单位这个月的所有发票集中起来，并一一检查核对，如图6-9所示。

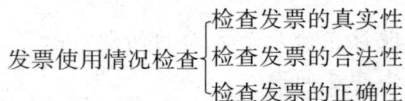

发票使用情况检查 { 检查发票的真实性 检查发票的合法性 检查发票的正确性

图6-9　发票使用情况检查

（1）检查发票的使用情况，即检查发票的真实性、反映经济业务的合法性和填制的准确性，也就是检查发票中所反映的经济交易事项的内容是否真实，是否符合发票管理办法的规定，是否符合有关财经纪律，是否符合填制的有关规定。概括起来说就是要检查发票的真实性、合法性和正确性。

①检查发票的真实性。检查发票所反映的业务内容是否真实，是否符合经济交易事项的实际情况，是否有伪造、弄虚作假现象。财会人员对有疑点的发票应当即扣留，并送交税务机关追查。

②检查发票的合法性。检查发票中所反映的经济业务内容，是否符合国家有关的财经政策、法令、规章制度，是否有违反财经纪律的情况，是否有"白条"抵库的现象。

③检查发票的正确性。检查发票的填制是否符合规定的要求，即内容填写是否齐全、数字计算是否准确、大小写的金额是否相符、文字和数字的填写是否清楚、有关经办人员和填制单位是否签章等。

此外，还应检查已填制的发票是否有缺号、缺联、大头小尾、涂改、伪造、变造、大小写金额书写错误等问题。

小提示6-13

伪造、变造的发票一般有以下特征：

一是涂改痕迹。破坏了纸张的结构，使纸层变薄，或损坏了原有印格或有新写迹象，墨迹模糊。

二是补写迹象。补写的笔迹、颜色、间距与原有的不同。

三是侵蚀迹象。有模仿迹象或残存原有记录的痕迹，经过侵蚀后的纸张发脆。签字的笔迹缓慢，有不合理的停顿，弯弯曲曲。

（2）发票还有专门的甄别方法，见表6-6。

表6-6　　　　　　　　　　　　　　　　　**发票专门的甄别方法**

发票种类	甄别方法
增值税专用发票	1.发票代码使用防伪油墨印制，在外力摩擦作用下可发生颜色变化，产生红色擦痕 2.发票号码为专用异型号码，字体为专用异型变化字体 3.发票的记账联、抵扣联和发票联票面具有复合信息防伪特征，可用复合信息防伪特征检验仪检测
增值税普通发票	1.专用防伪无碳复写纸 2.监制章专用红外激发荧光防伪 3.压划变色红外非吸收油墨防伪 4.定制专用号码防伪 5.微缩文字防伪
国有金融、保险企业的存货、汇兑、转账、保险凭证等	1.发票中会有"运输业专用发票""话费专用发票"等字样 2.发票印有水印图案
国有邮政、电信企业的邮票、邮单、电报收据等	
国有铁路、民用航空企业和交通部门、国有公路、水上运输企业的客票、货票等	

小提示6-14

鉴别电子发票、全电发票真伪的方法有两种：通过国家税务总局全国增值税发票查验平台等网站查询；通过手机APP或支付宝、微信小程序等第三方工具查询；通过Adobe Reader查看发票电子签章的有效性来鉴别。

（3）检查发票代码的正规性。发票代码和发票号码是发票上的两个重要标识，它们在发票管理、税务监督和查询发票真伪等方面发挥着关键作用。目前，纸质发票中，增值税普通发票（折叠票）的发票代码是12位数编码（如图6-10所示）。增值税专用发票的发票代码是10位数编码。

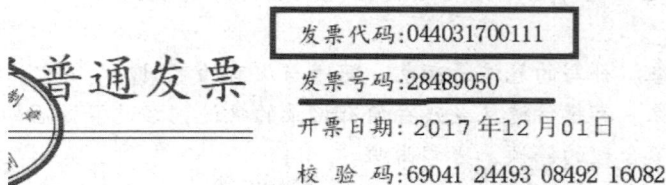

发票代码：044031700111

发票号码：28489050

开票日期：2017年12月01日

校 验 码：69041 24493 08492 16082

图6-10　新版增值税普通发票（折叠票）的发票代码和发票号码

增值税普通发票（折叠票）的发票代码的编码规则为：

第1位为0；

第2~5位为行政区划代码；

第6~7位为年份代码；

第8~10位为批次；

第11位为票种，0代表增值税普通发票（折叠票）；

第12位为联次，例如，5代表五联。

登录税务局网站，输入发票代码和号码即可查询真伪。

电子发票是纸质发票的电子形式，与纸质发票具有同等效力。电子发票的发票代码通常位于发票的明显位置，如右上角或左上角。发票代码由12位数字组成（如图6-11所示）。其中：

第1位为0，代表电子发票；

第2~5位为行政区域代码；

第6~7位为年份代码；

第8位为行业代码；

第9~12位为发票种类代码。

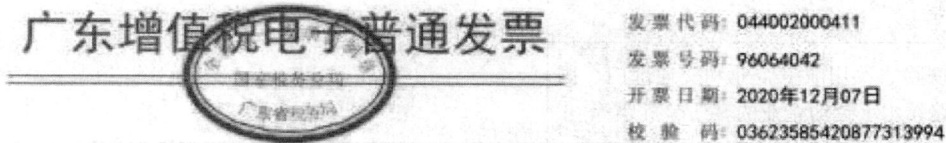

广东增值税电子普通发票

发票代码：044002000411

发票号码：96064042

开票日期：2020年12月07日

校 验 码：03623585420877313994

图6-11　电子发票的发票代码和发票号码

随着信息技术的发展，全面数字化电子发票（简称"全电发票"）成为新的发展趋势。全电发票通过集成电子签名等技术手段，确保了高度的安全性和法律效力。全电发票没有单独的发票代码，其发票号码为20位（如图6-12所示），包含年度、行政区划代码、开具渠道信息、顺序编码等。单位和个人可以通过全国增值税发票查验平台查验全电发票信息。

电子发票（普通发票）

发票号码：24117000000693568375

开票日期：2024年10月23日

图6-12　全电发票的发票号码

知识拓展

发票管理办法

国家税务总局公布了《国家税务总局关于修改〈中华人民共和国发票管理办法实施细则〉的决定》（国家税务总局令第56号），并于2024年3月1日起正式施行。发票管理办法实施细则作出了如下修订：

1.确立电子发票的合法地位

明确指出："电子发票与纸质发票在法律效力上等同，任何单位和个人均不得拒绝接受电子发票。"

2.强化税务机关对发票的监管

明确了税务机关在发票管理方面的职责，新增条款允许税务机关在检查过程中提取、查阅、复制发票数据。

3.细化了虚开发票行为的认定

对虚开发票行为的认定进行了更为详尽的规定，明确指出了"与实际经营业务情况不符"的具体情形，包括未发生实际业务而开具或取得发票，以及发票内容与实际业务不符等情况。

4.明确身份验证的重要性

特别强调了身份验证的重要性，规定单位和个人在领用、开具、代开发票时，其经办人应当实名办税，以确保发票使用的合法性和规范性。

5.引入"额度确定"的发票领用方式

增加了"额度确定"这一发票领用方式，税务机关将根据单位和个人的税收风险程度、纳税信用级别和实际经营情况，确定或调整其领用发票的种类、数量、额度以及领用方式。

项目小结

会计工作琐碎而繁杂，特别是年终，需要进行对账、结账等各种事务的处理，时常会遇到各种各样的问题，如库存现金、银行存款账实不符，账目出现差错，原始凭证不合法等，这就需要会计人员掌握各项技能，学会进行财产物资的清查，以保证财产物资安全；合理安排工作，能够利用Excel、财务软件等提高工作效率，使会计工作能够顺利进行。除此之外，会计人员还应有辨别凭证真伪、识别财务造假的能力，以此提高会计信息质量。

项目训练

一、判断题

1.进行财产清查，如发现账面数小于实存数，即为盘亏。（　　）

2.清查盘点库存现金时，出纳人员必须回避。（　　）

3.对于未达账项应编制银行存款余额调节表进行调节，同时将未达账项编制记账凭证登记入账。（　　）

4.企业、行政事业单位每年形成的会计档案，应由档案管理部门定期收集、审查和核对，按归档要求进行整理、立卷，装订成册，填制好卷册封面后归档，并指定专人妥善保管。（　　）

二、单项选择题

1.对库存现金的清查方法是（　　）。

A.实地盘点法　　　　　　　　B.检查库存现金日记账

C.倒挤法　　　　　　　　　　D.抽查现金

2.对银行存款的清查方法是（　　）。

A.定期盘存法

B.和往来单位核对账目的方法

C.实地盘存法

D.与银行核对账目的方法

3.货币资金的清查中遇到有账实不符的情况，用以调整账簿记录的原始凭证是（　　）。

A.实存账存对比表

B.库存现金盘点报告表

C.银行对账单

D.银行存款余额调节表

4.（　　）用除九法不能查出。

A.325错记为235

B. 2 000错记为200或20 000

C.将库存现金557错记为库存现金755

D.将应付账款500元错记为应收账款500元

三、简答题

1.错账查找的方法有哪些？请举例说一说。

2.原始凭证应如何进行管理？

3.如何辨别增值税专用发票的真伪？

四、实训题

某企业2024年3月31日银行存款日记账账面余额为51 300.00元，银行对账单余额为53 000.00元。经查发现有以下未达账项。

　　1.29日企业存入银行一张转账支票，金额3 900.00元，银行尚未入账。

　　2.29日银行收取企业借款利息400.00元，企业尚未收到付款通知。

　　3.30日企业委托银行收款4 100.00元，银行已入账，企业尚未收到收款通知。

　　4.30日企业开出转账支票一张，金额1 900.00元，持票单位尚未到银行办理手续。

　　根据以上未达账项，填写银行存款余额调节表，见表6-7。

表6-7

银行存款余额调节表

2024年3月31日

单位：元

项　目	金　额	项　目	金　额
银行存款日记账余额		银行对账单余额	
加：银行已收，企业未收款 减：银行已付，企业未付款		加：企业已收，银行未收款 减：企业已付，银行未付款	
调整后的存款余额		调整后的存款余额	

项目评价

	内容	评价		
	评价项目	3	2	1
理论部分	货币资金的清查方法			
	用财务软件代替手工记账			
	错账查找的方法			
实训部分	库存现金盘点报告表和银行存款余额调节表的编制			
	Excel财务技能			
	发票真伪的辨别			
素养部分	熟悉财产清查与保管的相关法规制度			
	在财产清查、核查凭证过程中，充分利用所学知识，判断财务工作是否真实、合法			
	正确选用财产清查方法，对清查结果如实汇报，不隐瞒、不造假，按准则处理			
	综合评价			

等级说明：

3——能高质、高效地完成此学习目标的全部内容，并能解决遇到的特殊问题

2——能高质、高效地完成此学习目标的全部内容

1——能圆满完成此学习目标的全部内容，不需要任何帮助和指导

评价说明：

优秀——达到3级水平

良好——达到2级水平

合格——全部任务都达到1级水平

不合格——不能达到1级水平

主要参考文献

［1］陈伟清. 基础会计［M］. 6 版. 北京：高等教育出版社，2023.

［2］杨蕊，梁健秋. 企业财务会计［M］. 5 版. 北京：高等教育出版社，2023.

［3］龚翔，施先旺. 会计学原理［M］. 大连：东北财经大学出版社，2019.

［4］董京原. 会计综合实训［M］. 3 版. 北京：高等教育出版社，2021.

［5］周会林. 会计基础［M］. 4 版. 大连：东北财经大学出版社，2023.

［6］陈爱玲，崔智敏. 会计学基础［M］. 8 版. 北京：中国人民大学出版社，2023.

［7］陈国辉，迟旭升. 基础会计［M］. 8 版. 大连：东北财经大学出版社，2024.

［8］财政部会计财务评价中心. 初级会计实务［M］. 北京：经济科学出版社，2024.

［9］湖北省技能高考财经类专业委员会. 2024 年湖北省普通高等学校招收中等职业学校毕业生技能高考财经类技能考试大纲［S］. 2024.